Andrea Fehringer & Thomas Köpf

DAS SCHREIBSEMINAR

Vom Buchstabenchaos
zum Sprachkunstwerk

UEBERREUTER

ISBN 978-3-8000-7370-2

Covergestaltung: Christian Thomas, www.concept8.com
Copyright © 2008 by Verlag Carl Ueberreuter, Wien
Druck: Druckerei Theiss, A-9431 St. Stefan i. L.
Gedruckt auf Salzer Papier
7 6 5 4 3 2 1

Ueberreuter im Internet: www.ueberreuter.at

Inhalt

DER AUFBAU EINER GESCHICHTE

DAS SPIEL MIT DEN WORTEN

ANHANG

Fast ein Vorwort

»Herst, jetzt geht das N nicht.«

»Beim vorigen Buch ist das E nicht gegangen, jetzt geht das N nicht, so kann man nicht arbeiten. Hau halt mehr drauf.«

»Nein. Deswegen geht's ja nicht. Weil du der bist, der immer so draufhaut auf die Tastatur mit deinen LKW-Fahrerfingern. Das arme N.«

»Das arme N, das arme N. Dabei wisse wir och gar icht, wie wir die Leute a reden. Ah, jetzt geht's wieder.«

»Na super.«

»Also. Wie reden wir die Leute an?«

»Mit Du. Das ist besser. Kommt grader.«

»Aber es hat nicht jeder gern, das Direkte.«

»Im Seminar finden sie es immer gut.«

»Wir sind aber jetzt nicht im Seminar.«

»Na schon, auf eine Art.«

»Ja, aber dort ist man beinand und sieht, wer einem gegenübersitzt. Da kann man die Hand ausstrecken und sagen, grüß euch, wenn's recht ist, sind wir alle per Du, weil Schreiben ist ja was sehr Persönliches.«

»Eh. Nur jetzt sitzt da keiner gegenüber, den man sieht. Da kannst die Hand nicht ausstrecken und fragen, was ihm recht wär.«

»Wurscht. Beim Schreiben muss man Entscheidungen treffen. Und wir sagen jetzt Du.«

Schreiben ist so leicht. Du musst nur das richtige Wort zur richtigen Zeit an den richtigen Platz setzen.

Dass die Methode so oft scheitert, liegt schon daran, dass du das richtige Wort nicht parat hast. Was man aber dem Wort nicht vorwerfen kann. Es kann nichts dafür, wenn du es nicht findest. Es ist da, es wartet, es versteckt sich nicht, es drängt sich aber auch nicht auf. Du musst dir das vorstellen wie bei einem riesigen Puzzle.

Für alles, was du in der deutschen Sprache sagen willst, gibt es das richtige Steinchen. Ein Wort oder eine Wortkombination, die exakt das ausdrückt, was du meinst. Und wie bei jedem anderen Puzzle greifst du immer wieder zum falschen Steinchen. Du schaust es sogar noch an und denkst, fein, passt. Richtige Form. Richtige Farbe. Dann drückst du es in die freie Stelle in deinem Satz und irgendwie spießt es sich. Weil du aber jetzt nichts weniger brauchst, als weitersuchen zu müssen, presst du es ein bissel fester hinein. Bis sich die Ränder aufrollen. Und schon hast du genau das geschrieben, was du nicht schreiben wolltest.

Was macht einen guten Schreiber aus, werden gute Schreiber immer wieder gefragt. Ken Follett hat einmal gesagt: »Man muss immer nachdenken, bevor man schreibt.«

Wie einfach das klingt. Wie schwierig das ist.

Du setzt dich an die Tastatur, du bildest dir ein, dass du weißt, was du sagen willst, du beginnst zu schreiben. Einen Satz. Du liest ihn dir durch, du findest ihn ganz in Ordnung, du kommst drauf, dass irgendwas fehlt. Du schreibst weiter. Noch einen Satz. Du liest ihn dir durch, du findest ihn ganz in Ordnung, du kommst drauf, dass was fehlt. Du schreibst weiter. Einen dritten Satz. Du liest ihn dir wieder durch, du findest ihn wieder ganz in Ordnung, du kommst drauf, dass nach wie vor was fehlt. Auf einmal wird dir klar: Du hast einen ganzen Absatz geschrieben, in dem immer noch nicht steht, was du eigentlich sagen wolltest. Dabei hätte ein Satz gereicht.

Es beginnt mit dem Gedanken. Danke, Ken.

Ein Satz ohne Gedanken ist wie ein Geschenk ohne Inhalt. Die Worte sind bloß die Verpackung. Und die kann noch so schön sein. Kann schillern, kann kunstvolle Mascherln haben, kann seidig knistern. Aber wenn du das Packerl aufreißt, ist nichts drinnen. Keine Überraschung. Irgendwer hat sich nichts gedacht dabei und der Leser hat kein Geschenk bekommen.

Was macht einen guten Text aus, fragen sich alle, die Texte schreiben. Oscar Wilde hat einmal gesagt: »Jede Form des Schreibens ist erlaubt, nur nicht die langweilige.«

Wie schwierig das klingt. Wie einfach das ist.

Erst musst du das Handwerk beherrschen, das für jede Art von Text gilt. Dann musst du deine Geschichte gliedern. Erst dann kannst du dich mit den Worten spielen. Deshalb ist dieses Buch in drei Teile gesplittet: die Grundregeln des Schreibens, der Aufbau einer Geschichte, das Spiel mit den Worten. Immer mit praktischen Übungen. Und jedes Kapitel hat einen satirischen Auftakt. Einen Text, in dem eben das missachtet wird, was der jeweilige Punkt besagt.

»Bist narrisch? Du willst jetzt zu jedem Kapitel das schreiben, was man nicht tun soll?«

»Ja. Weißt eh, überzeichnen, parodieren, blödeln halt. So versteht man es am besten.«

»Das wird nie fertig.«

»Dann tua weiter.«

Beim Handwerk geht es darum, einen Gedanken präzise, kurz, verständlich und daher leicht lesbar aufs Papier zu bringen. Kein Füllmaterial, keine Manierismen, keine Schnörkel, keine Phrasen. Jedes Wort, das keine Information birgt oder für die Satzkonstruktion wichtig ist, wird an die Wand gestellt und erschossen. Sinn des Ganzen ist es, aufgeblähte Formulierungen bis auf die Essenz zu reduzieren. Und damit auf den Punkt zu bringen.

Beim Aufbau einer Geschichte geht es darum, dem Text eine Struktur zu geben. Dazu musst du dir drei Fragen beantworten: Warum soll jemand deine Geschichte lesen? Wie muss der erste Satz lauten, damit du den Leser in deinen Bann ziehst? Wie kann er dir bis ans Ende deiner Geschichte folgen?

Beim Spiel mit den Worten geht es darum, die Handwerksregeln zu brechen. Bewusst, bedacht und nie auf Kosten der Verständlichkeit. Keine sinnlosen Wortspiele, keine schiefen Bilder, kein laschen Pointen. Jeder holprige Sprachrhythmus und jede unnötige Effekthascherei werden nackt ausgezogen und aus dem Dorf getrieben. Sinn des Ganzen ist es, ein feines Sprachgefühl zu entwickeln. Und damit den eigenen Stil zu finden.

»Du findest schon wieder kein Ende.«

»Aber man muss noch sagen, dass man Schreiben nur durch Schreiben lernt.«

»Und das übst du jetzt grad.«

»Bitte, dann setz dich halt du her und …«

»Ich setz mich an keine Tastatur, bei der das N nicht geht.«

»Weißt was?«

»Kömma jetzt endlich anfangen?«

»Ja. Mit dem Sterben.«

Übung Krame in deinem Wortschatz. Suche Synonyme für das Wort »sterben«. Es gibt mehr als hundert, zwanzig genügen.

Lösungen und Anmerkungen zu allen Übungen findest du im Anhang ab Seite 141.

DAS HANDWERK
DES SCHREIBENS

Routine ist schädlich, aber das Handwerk muss man beherrschen.
Carl Zuckmayer

Am Anfang ist das weiße Blatt. Unbeschrieben und böse, mit langen Zähnen. Es macht dir Angst. Es verhöhnt dich. Schreib ruhig was drauf auf mich, schreit es. Wirst schon sehen. Und schon fällt dir nichts mehr ein. Dabei schreibst du jeden Tag. E-Mails, Notizen, Memos, vielleicht noch Briefe. Silben, Worte, Sätze, die andere lesen. Und mitreden. Das hätte ich aber anders gemacht. Hier gehört noch ein … Sie sollten doch einmal … Nein, so geht das nicht.

So geht's auch nicht. In keiner anderen Kunst traut sich wer, sich hinter den Künstler zu stellen und ihm dreinzureden. Einem Maler zu sagen, dort in der Ecke hätte ich aber ein Rot verwendet. Einem Komponisten zu raten, es bei der Ouvertüre lieber in Moll zu probieren. Einem Bildhauer den Meißel aus der Hand zu nehmen und seinem David die Rübe abzuschlagen. Beim Schreiben kennt man keinen Genierer. Solange es um die Texte anderer geht. Bei den eigenen ist man gehemmt. Wofür es keinen Grund gibt. Hemingway hatte nichts, was du nicht hast, außer vielleicht vier Ehefrauen. Er beherrschte die Grammatik, er hatte seinen Wortschatz, er fand seine Stilmittel. Und dann hat er Kunst draus gemacht. Er kleidete seine Gedanken spärlich. Er komprimierte sie aufs Wesentliche. Er war der Meister der Reduktion.

»Ich mag ihn trotzdem nicht.«

»Schreib weiter.«

Alles Geniale ist simpel. Alles simpel Formulierte ist genial. Was jedem einleuchtet, wenn er liest, ihm aber banal vorkommt, wenn er schreibt. Nicht elegant genug. Zu wenig intelligent. Keine feine Klinge. Alles, nur keine edle Feder. Was für ein Irrtum. Wenn dem wirklich so ist, lag der Fehler beim Gedanken, nicht am einfachen Satz.

Der einfache Satz hat Kraft. Überzeugt das Geschriebene nicht durch sich selbst, wird man es auch mit mehr Worten, mit komplizierteren Formulierungen, mit längeren Sätzen nicht verständlicher machen. Und schon gar nicht stärker. Braucht man Begründungen, Erklärungen und Kommentare, um deutlich zu machen, was man gerade hingeschrieben hat, hat man das Falsche hingeschrieben.

Kein Leser will in sperrigen Satzkonstruktionen wühlen, um Inhalt zu begreifen. Er will, was Arthur Schopenhauer schon jedem Redner riet: »Gebrauche gewöhnliche Worte und sage ungewöhnliche Dinge.«

Weg mit Amtsdeutsch, Wissenschaftsjargon, Expertensprache, Akademikergeschwafel, Politikerfloskeln oder Bürokratenformulierungen

Liebesbrief eines Romantikers

An
Frau Mizzi Wotruba
Sonnenblumenweg 2
1220 Wien

Josef Krauthappl
Magistratsabteilung 69
Lebemanngasse 6
1100 Wien

Betreff: GV, KW 32

Sehr verehrte Frau Mizzi,

obschon wir lediglich geflissentlich im Rahmen des normalen Parteienverkehrs Kenntnis voneinander genommen haben, ist es mir dennoch ein Bedürfnis.

Eingedenk dessen gestatte ich mir, mir zu erlauben, Ihnen dieses Schriftstück zukommen zu lassen, da es mir meiner so bescheidenen wie unmaßgeblichen Meinung nach schien, dass Sie desgleichen ein ähnlich geartetes Bedürfnis Ihr Eigen nennen, zumal doch auch eine gewisse Erkenntlichkeit hinsichtlich Ihres Interesses anhand Ihrer handschriftlichen Randnotizen auf Ihrem Antragsformular in Form von hingebungsvoll paragrafierten Zeichen, welche ich zweifelsfrei als Phallussymbole identifizieren konnte, zu bemerken war.

Zwei Tage, nachdem ich dieser Ihrer Andeutungen ansichtig geworden war, vermochte ich mich nach Dienstschluss nicht mehr jener in mir anschwellenden Unrast zu erwehren, welche mir zum einen den nächtlichen Schlaf raubte, zum anderen den Anstoß zum Mut zum Verfassen dieser Zeilen verlieh.

Sehr verehrte Frau Mizzi, ich habe mich nach reiflichem Überdenken meiner inneren Gefühle durchgerungen, den Impetus zu besitzen, Ihnen das nachstehende Geständnis abzulegen. Ich hege außerordentlich heftige Regungen für Sie, namentlich dergestalt, als dass Sie mir den einzigen Komplementärpartner für den Geschlechtsverkehr darstellen, welchen ich mir momentan vorzustellen imstande bin, habhaft zu werden.

Diesbezüglich ersuche ich Sie, mir Ihr Einverständnis bekunden zu wollen, mich eindringlich in die Pflicht zu nehmen, welche zwar in unserer Causa nicht ehelich, vielmehr außer jeder amtlichen Ordnung vonstattengehen müsste.

In dem Bestreben, Ihre gnädigste Entscheidung in diesem, meinem oder – darf ich es wagen, es unbeschadet Ihrer etwaigen Bedenken auszudrücken – in unserem, Sinne zu erwägen, fühle ich den Drang in mir, Ihnen den Bescheid eines Vorschlages anzudienen. Wäre es Ihnen eine Möglichkeit, ein paar Stunden für Gewisses zu reservieren? In der Kalenderwoche 32 täte sich diesbezüglich ein Loch in meiner terminlichen Dienstverfügung auf. Es wäre ein durchaus unverdächtiger Dienstag, welcher sich für die betreffende Handlung auftut, in der Dauer zwischen 12.15 Uhr und 13.30 Uhr, in welcher für diese Belange unter der Bezeichnung »Zur goldenen Spinne« bekannten Örtlichkeit, welche, und dies nur nebenbei, erfreulich angemessene Tarife für das Verweilen im Zeitraum einer Stunde oder einiger Minuten darüber einnimmt. Die Gebühren für das gemeinsame Unterfangen, respektive alle sich zur Annehmlichkeit ergebenden Aspekte, würden selbstredend von meiner Person übernommen werden.

Meine Absichten sind ausschließlich von höchst hehren Motiven geleitet und keineswegs von bedenklicher, geschweige denn von ungesetzlicher Natur. Es geht vorderhand um einen Kopulationsakt im Rahmen der gesellschaftlich üblichen Fleischlichkeit, wobei ich nicht hintanhalten möchte, dass mir, sofern ich mit Ihnen dahingehend eine Einsichtigkeit erwarten darf, eine leichte Tendenz zum Experiment innewohnt. So darf ich Ihnen die Versicherung ablegen, dass es mir abgesehen von der eigentlichen Penetration eine Freude wäre, Ihnen mit einem Tuch aus genehmem Material die Sicht zu nehmen und Ihnen parallel dazu Armwinkelsperren anzulegen, auf dass, wie ich Sie untertänigst versichern darf, ein Höchstmaß an Lustgewinn zu erwarten sei.

Im Nichteinbringungsfall Ihrer werten Befriedigung ist meinerseits augenblicklich von der Aufrechterhaltung des Tatbestandes Abstand zu nehmen und Sie für allfällige Unwägbarkeiten zu entschädigen. Zur Abgeltung meiner Bringschuld offeriere ich bereits voranstehend ein Bußgeld von – wie ich als schicklich konstatiere – in etwa 23,30 Euro, was einem für derartige Aktivitäten aliquoten Anteil meines Dienstsalärs entspräche, zu entrichten.

Um Sie in diesem, hoffentlich nicht eintretenden Falle jeglicher Schamhaftigkeit zu entheben, stelle ich Ihnen in Aussicht, mich ohne viel Aufhebens von der Bettstatt zu erheben, mich geräuschlos meiner Kleidung zu bemächtigen, Ihnen den oben vereinbarten Betrag sorgsam auf der im Zimmer befindlichen Kommode zu hinterlegen, das Gebäude raschestmöglich hinter mir zu lassen und mich alsdann zu verfügen.

Selbstverständlich können Sie sodann auch dahingehend sicher sein, dass der Vorfall unter dem Mantel meiner Verschwiegenheit verdeckt bliebe und Ihr Antrag auf Sachwalterschaft hinsichtlich Ihres bettlägerigen Ehegatten vonseiten eines meiner Kollegen, Herrn Kommerzialrat Wunderl, bearbeitet und bis zur alsbaldigen, freilich positiven Erledigung amtsbehandelt werden wird.

In der tiefen Hoffnung und bangen Erwartung auf einen zustimmenden Bescheid Ihrerseits verbleibe ich mit dem Ausdruck vorzüglicher Hochachtung Ihr Ihnen verbundener Komm.-Rat *Josef Krauthappl*

> *Schreibe nur, wie du reden würdest,*
> *und du wirst einen guten Brief schreiben.*
> Johann Wolfgang von Goethe

Was heißt überhaupt weg mit Amtsdeutsch?

Amtsdeutsch ist ein Überbegriff für alles, was formell formuliert ist. Es ist behäbig, sperrig, geschraubt, umständlich, aufgeplustert, träge, langweilig, hochgestochen, zugeknöpft und holprig.

Mit Amtsdeutsch ist mehr gemeint als das, was in Vorladungen, Bescheiden oder Formularen steht. Es ist die Art Sprache, die Leute sprechen, die gescheiter klingen wollen, als sie sind. Die Worte kommen daher wie auf Stelzen, den Sätzen möchte man einen Tritt geben, damit sie sich schneller bewegen, die Absätze verheddern sich so im Ohr, dass sie gar nicht erst im Hirn ankommen. Es ist nichts als Imponiergehabe.

Amtsdeutsch errichtet eine Mauer zwischen Schreiber und Leser, damit ja keine Nähe entsteht. Und damit man ja nicht auf Anhieb versteht, worum es eigentlich geht.

In manchen Berufsgruppen verwendet man genau diese hochtrabende Kompliziertheit, um sich abzugrenzen. Wissenschaftler strotzen vor wahrnehmungsästhetischen und erkenntnistheoretischen Unmittelbarkeitsansprüchen. Experten werfen mit kumulativen Synergieeffekten um sich. Akademiker trumpfen mit dem Nukleus der allgemeinen und programmspezifischen Teilkompetenzen einer Interaktion mit hypermedialen Systemen auf. Bürokraten bombardieren einen mit Anordnungen zur Teilnahme an besonderen Maßnahmen. Politiker blenden mit der Verkrustung des Föderalismus, um ein zielführendes Nachdenken über dynamische Entlastungspakete einzuleiten.

Na ja, wen's interessiert. Wenn du willst, dass deine Texte von möglichst vielen Menschen gelesen und verstanden werden, ist diese Art, mit dem erhobenen Zeigefinger zu schreiben, gerade die falsche. Dass sie trotzdem so verbreitet ist, liegt an dem Spundus, den einem so ein weißes Blatt Papier, so ein leeres Word-Dokument im Computer einjagt. Obacht, droht es, was immer du hier drauftippst, geht irgendwie in die Welt hinaus, du verewigst dich, und du willst doch nicht, dass man dich für einen Trottel hält. Also. Schreib schön. Und schon denkt man zwei Stufen umständlicher, als man reden würde.

Das schlechte Beispiel

Obwohl seit der Installierung von Studiengebühren die Universitäten und Fakultäten aus Einkommensgründen ein neues Interesse an hohen Studentenzahlen haben, ist doch immer noch die Belastung der Fakultätsmitglieder eine erhebliche und übt auf das Niveau und die Qualität der Ausbildung eine negative Wirkung aus.

Das gute Beispiel

Universitäten verdienen an den Studiengebühren. Viele Studenten bedeuten ein hohes Einkommen. Übervolle Lehrsäle aber sind eine Belastung für die Professoren. Daraus folgt: Die Qualität der Ausbildung leidet.

Also.
Überlege dir die Botschaft für jeden deiner Sätze.
Schreibe so, dass dich jeder versteht.
Gib jedem Wort die Bedeutung, die es haben soll, und
stelle es an den richtigen Platz in deinem Satz.

- Bleibe klar.
- Schreibe ohne Umschweife.
- Versuche nicht, mit deinen Worten zu imponieren, sondern mit deinen Gedanken.
- Lähmende, ermüdende Formulierungen bremsen deinen Text.
- Zerstöre nicht das Interesse am Inhalt deiner Story.

Auf die Art arbeitest du wie **Stephen King**:
Eines der schlimmsten Dinge, die man der eigenen Sprache antun kann, ist, das Vokabular schön herauszuputzen und nach komplizierten Wörtern zu suchen, nur weil man sich ein bisschen für die vielen einfachen schämt.

● Bist du dir nicht sicher, ob dein Text leicht und schnell zu kapieren ist, frage einen Leser. Kann er den Inhalt schlüssig nacherzählen, hast du es richtig gemacht.

● Selbst wenn du den Text insgesamt schon entrümpelt hast, können immer noch einzelne Worte für einen formellen Charakter sorgen. Schreib lieber: aber statt jedoch, schon statt bereits, nur statt lediglich, immer statt stets, sicher statt gewiss, außerdem statt zudem, trotzdem statt dennoch, damit statt somit, und statt sowie, wieder statt erneut, viele statt zahlreiche, auch statt ebenfalls oder weil statt da.

● Schau auf die Erzählzeit: Das Perfekt liest sich lockerer als das Imperfekt. Längere Rückblicke zum Beispiel müssten, sofern die Erzählzeit das Imperfekt ist, sprachlich korrekt im Plusquamperfekt geschrieben sein, sind aber dann mühsam zu lesen. Wechsle nach ein paar Sätzen ruhig ins Imperfekt.

● Es gibt immer wieder Scheußlichkeiten, die zur Manie werden. Zuerst raubte man den Wissenschaftlern das »l« und degradierte sie zu Wissenschaftern. Wohingegen es keine Sporter oder Künster gibt. Dann erfand man die -Innen. Eigentlich eine Gemeinheit für die Männer unter den MenschInnen.

● Verwende, wann immer es geht, den direkten oder indirekten Artikel, also der, die, das oder einer, eine, eines. Welcher, welche, welches wirkt sehr geziert; jener, jene, jenes schafft eine Distanz zwischen Text und Leser.

Übung Was wollte uns der Autor mit diesen Worten sagen? Streiche alles, was dir unverständlich ist. Was bleibt über? Und vor allem: Was ist die Hauptaussage?

An diesem Beispiel ist der existenziell gefühlte Kontrast zwischen der postmodernen Interpretation des Egalitätsbestrebens einer degenerierten und nur projektiv hyperaktiven soziologischen Gruppe von Individuen und der Demaskierung ihrer kollektiven und damit non-subversiven Aktivitäten zur Diminuierung der Tendenz, ihre inexistenten Divergenzen zu demonstrieren, deutlich sichtbar, wobei die intergalaktisch äußerst infantile, aber extrem plakative Demontage human-artifizieller Phänomene als Sublimierung innerhalb einer pseudo-nonkonformistischen Instant-Soziät in die blaue Phase der naiv-kapitalistischen Schock-Art einzuordnen ist.

Hauptsache Zeitworte

Bedienungsanleitung für den Gebrauch eines Taschentuchs

Das Öffnen der Packung erfolgt durch das Zusammenpressen von Daumen und Zeigefinger, dazwischen die zum Aufreißen zur Verfügung stehende Plastiklasche. Durch ein ruckartiges Anheben der in Erwähnung gebrachten Lasche kommt es zu einer Lösung der beiden mit einem Klebefilm miteinander in Verbindung stehenden Verschlussteile der Packung. Um im Folgenden zur Entnahme der Tücher übergehen zu können, löst man den Griff der Finger, dann folgt eine Drehung der Packung, sodass die eine Hand die Packung im Alleingang hält, während die andere Hand für die Dauer eines Momentes frei in der Luft hängt, um dann in der Bereitschaft zum Zugreifen auf eines der im Inneren der Plastikverpackung befindlichen Tücher zu sein.

Sollte die zur Entnahme entstandene Öffnung noch einen Mangel an dem zum Ergreifen des Inhaltes nötigen Winkel aufweisen, nimmt man den bereits zur Ablösung gebrachten oberen Verschlussteil aufs Neue zwischen Daumen und Zeigefinger und bringt ihn mit einem leichten Ziehen in die vom Erzeuger vorgesehene richtige Position. Jetzt steht der von Erfolg gezeichneten Durchführung der Entnahme nichts mehr im Wege.

Um das Herausziehen eines Tuches aus der nunmehr zum Gebrauch stehenden Packung zu ermöglichen, bedarf es eines nicht im Übermaß nötigen Fingerspitzengefühls. Die Empfehlung des Herstellers zu diesem Teil des Vorganges geriet im Laufe der Produktentwicklung zu einer für den Konsumenten annehmlichen Einfachheit. Für den Prozess der eigentlichen Entnahme ist vorgesehen: die Einführung von Daumen und Zeigefinger um den Rand eines der Tücher, das sanfte Herausziehen des Tuches, die Entfaltung desselben, die Platzierung des Tuches in die für die Vollendung der Prozedur des Schnäuzens von Natur aus mehr in Übung stehende Hand.

Weil der Vorgang des Schnäuzens eine vom Hersteller nicht im Ursprung erfundene Handlung ist, besteht die Möglichkeit von Fehlern in der Ausführung. Gehen Sie deshalb mit Bedacht folgender Punkte ans Werk: Dem Abwarten des Zeitpunkts des tiefen Einatmens folgt ein kurzes Innehalten und ein mit der Wucht von 120 Kilometern pro Stunde Ausstoßen des Naseninhaltes.

Für die Entsorgung des Tuches nach seinem Gebrauch gibt der Erzeuger keine Angaben, die zu einer der Produktphilosphie in Widerspruch stehenden unnötigen Kompliziertheit stehen würden, außer dem Hinweis, dass der Konsument in den ihm im Alltag gewohnten Richtlinien in Sachen Hygiene eine Orientierung finden wird.

Viel Spaß mit Ihrem neuen Produkt.

Es lässt sich ohne sonderlich viel Witz leicht so schreiben,
dass ein anderer sehr vieles haben muss, um es zu verstehen.

Georg Christoph Lichtenberg

Was heißt überhaupt Hauptsache Zeitworte?

Verben hauchen jedem Text Leben ein. Sie reden und spielen mit dem Leser, sie wecken ihn auf und regen ihn an, sie verblüffen oder verstören, begeistern oder erschrecken, verführen oder beeindrucken.

Verben sind die beste Erfindung, seit es Buchstaben gibt. Früher nannte man sie Tätigkeitsworte, und genau darin liegt ihr Geheimnis. Sie tun was. Sie lassen etwas passieren. Sie treiben etwas voran. Sie bewegen.

Untersuchungen haben etwas Interessantes ergeben: Überfliegt man einen Text, ohne ihn noch genau zu lesen, nimmt das Unterbewusstsein Verben sehr wohlwollend auf. Insbesondere die, die am Ende eines Absatzes stehen. Findet sich dort ein kraftvolles Zeitwort wie lieben, fühlen, töten, dann macht das Lust zu lesen. Hört ein Absatz mit einem Wort wie wurde oder gar einem wie Bruttosozialprodukt auf, legt man den Text eher wieder aus der Hand.

Der natürliche Feind der Zeitworte sind Ansammlungen unnötiger

Hauptworte. Also Hauptwortkonstruktionen, die umständlicher sind als ein einfaches Zeitwort. Etwas wirkt, ist in den meisten Fällen stärker als: etwas übt eine Wirkung aus. Etwas scheint, ist in den meisten Fällen klarer als: etwas hat den Anschein. Etwas schmeckt, ist in den meisten Fällen geschmackvoller als: etwas hat den Geschmack von.

Hauptwortkonstruktionen sind jetzt nicht so kompliziert, dass man sie gar nicht versteht. Aber sie machen einen Text künstlich länger und sind daher entbehrlich. Jedes Wort in seiner Grundform ist stärker als seine Ableitungen. Du kannst sie dir vorstellen wie Schlaglöcher, über die der Leser stolpert auf seinem Weg zum leichten Verständnis.

»Und das ist jetzt keine Hauptwortkonstruktion, oder wie?«

»Was?«

»Der Weg zum leichten Verständnis.«

»Ups. Na ja, aber in dem Fall …«

»… passt's halt. So ist das mit der deutschen Sprache. Beim Reden geht's ja, aber beim Schreiben …«

»Und da haben wir gleich das nächste Problem.«

Nämlich: beim Reden, beim Schreiben. Ein Verb zum Substantiv zu machen ist ein kleines Verbrechen. Da hat man einmal ein wunderbares Zeitwort, mit dem sich was bewegen ließe, und dann entscheidet man sich für – das Stoppen.

Ganz was anderes ist es mit Adjektiven, die man zum Hauptwort umwidmet. Das ist nichts Herkömmliches, sondern was Schönes. Was Freundliches. Was Ungewöhnliches. Was Frisches. Was Feines.

Das schlechte Beispiel

Die Kosmopolitin wählte Wien als Ort ihrer Niederlassung. Das Interieur ihrer Mietwohnung erzählt Reisegeschichten, denn die Globetrotterin nimmt gerne Devotionalien von den Destinationen mit, die sie aus Inspirationsgründen immer wieder heimsucht.

Das gute Beispiel

Sie reist, um sich inspirieren zu lassen. Sie hatte die ganze Welt gesehen. Dann suchte sie einen Ort, an dem sie leben wollte, mietete eine Wohung in Wien und füllte sie mit ihren Mitbringseln, von denen jedes eine Geschichte erzählt.

Also.
Schreibe lebendig.
Lass Zeitworte wirken.
Vermeide Hauptwortkonstruktionen.

- Je mehr Verben du verwendest, desto weniger sperrig liest sich dein Text.
- Je weniger Hauptwortkonstruktionen du verwendest, desto flüssiger liest sich dein Text.
- Beschäftige nicht das Hirn deiner Leser, triff sie ins Herz.
- Bewege etwas mit deinen Worten, im besten Fall den Leser.
- Nimm deinem Text nicht im Voraus die Spannung.

Auf die Art arbeitest du wie **Woody Allen**:
Das Schwierigste am Leben ist es, Herz und Kopf dazu zu bringen, zusammenzuarbeiten.

- Zähle die Verben in deinem Text und füge noch einmal so viele dazu.
- Keine Angst vor Hilfszeitworten: Haben, wollen, müssen, dürfen, können, sein sind starke Verben. Lass sie für dich arbeiten.
- Rückbezügliche Verben, wie sich befinden oder sich belaufen auf, sind meistens fad und statisch. Schau, ob du um sie herumkommst.
- Reiße mehrsilbige Verben, wie feststellen, nicht allzu weit auseinander. Zum Beispiel: Ich stellte zu meiner übergroßen Überraschung erst unlängst wieder einmal mit nie von mir erwartetem Eifer fest … Zu lange Einschübe solltest du ohnehin überdenken.
- Auch manche Zeitworte können einen formelleren Charakter in deinen Text zaubern. Schauen liest sich zum Beispiel lockerer als blicken, gehen ist leichtfüßiger als schreiten. Orientiere dich einfach daran, wie du sprichst.
- Gib deinen Worten nicht zu viel Würde: Ich würde sagen, ich würde meinen, ich würde glauben. Also was jetzt, Burschen?
- Was Auge und Ohr, Nase, Mund und Haut wahrnehmen, kannst du nur vermitteln, wenn du dich an Auge, Ohr, Nase, Mund und Haut deines Lesers wendest.

Übung 1

Dieser Text ist formell, von Einschüben vergewaltigt und kommt gestelzt daher. Vereinfache ihn, mach ihn verständlicher und leicht lesbar.

Ein neuer Vertrag und jede Menge Ziele: Das ist der primäre Output der EU im heurigen Jahr. In einer langen Nacht kam es zwischen den

EU-Staaten zur Verständigung hinsichtlich der Grundzüge des Reformvertrages, der den Kern der Verfassung als Rettungsanker zur Sprache brachte. Jetzt steht die Ratifizierung bevor. Die EU-Ratspräsidentschaft hatte allerdings nicht nur eine Verbesserung des Vertragsklimas, sondern auch eine Art Klimavertrag im Sinn. Beim Vorfühlen im Rahmen des Gipfels fanden die Granden den Beschluss in Bezug auf verbindliche Ziele für den Klimaschutz.

Übung 2

Ersetze folgende Hauptwortkonstruktionen durch Verben. Wo kommst du mit einem Zeitwort aus? Wo brauchst du eine Umschreibung?
den Einkauf einholen; Sorge tragen; den Eindruck vermitteln; zum Abschluss bringen; Gefühl erzeugen; Lob einstreichen; eine Bitte vortragen; zur Anzeige bringen; in Verzug geraten; das Bedürfnis haben; keine Eile haben; den Vortritt lassen; Achtung entgegenbringen; zur Verfügung stehen; zur Verfügung stellen; in Misskredit bringen; Zwiesprache halten.

Suche schlichte Worte

Gedanken eines fremdbestimmten Managers

SO NICHT Ich meine, das muss man sich einmal auf Powerpoint vor der geknechteten Optik ablaufen lassen. Da hat man tagein, tagaus die Awareness, dass man asap alles checkt, was auf ihrer To-do-Liste steht, und was bleibt über at the end of the day? Sie sagt: Trag den Kolonialkübel runter. Bin ich ihr Junior Assistant? Kommt daher und gibt die Directives aus, dabei bin ich der, der die Budgets frei macht und das ganze Sponsorship von Acapulco bis zum Zobel übernimmt. Und ich? Streich das Meeting beim Lunch, wär eh so wichtig gewesen wegen der Sub-Brands, aber bitte, man hat sich ja committed zu dem privaten Sharing-Modell, sprinte zum Fischmarkt und kauf ein für ein romantisches Dinner im Eigenheim. Sagt sie: Du weißt doch, ich mag keine Riesen-Garibaldis, ich hab überhaupt beschlossen, ich bin jetzt Veterinärin, da muss man nicht so viele Kategorien verbrennen. Jetzt frag ich dich, was ist los mit meinem USP? Muss ich ein Direct Marketing streamlinen, um meine Claims abzustecken? Hab mich aber immer noch under control gehabt, einen Schluck vom Chateau Petrus genommen und bin ganz langsam, ganz ruhig, ganz easy zur B&O-Anlage gegangen. Calm down, hab ich mir gesagt, alles smooth, leg einen Barry White auf, immer gut für eine spontane Fusion. Sagt sie: Ich tät aber lieber den Placido Flamingo hören. I mean. Da fightest schon heavy mit dir in der Brustgegend. Da kommst auch mit einer Analyse der Revenues nimmer weiter. Und trotzdem hab ich den Deal noch nicht abgeschrieben und meine letzten Assets ausgepackt. Ein Give-away, von Agent Provocateur. Sagt sie: Das Bordellrot gefällt mir aber gar nicht, ich werd's umtauschen, gibst mir deine Vista-Card? Und dann war er da, der Overkill. Dann hab ich den Break-even erreicht gehabt. Anmerken hab ich mir nichts lassen, ganz Pokerface war ich bei dem laschen Inhouse-Event vorm Flatscreen. Nur auf der Meta-Ebene hab ich mir gedacht, sag einmal, wie redest du mit mir, Baby, überleg dir bitte dein Wording.

Jedes selten gehörte Wort sollst du fliehen wie ein Riff.
Julius Cäsar

Was heißt überhaupt, suche schlichte Worte?
Es gibt Texte, da verstehst du jedes Wort, du weißt bloß nicht, was es auf Deutsch heißt. Es wimmelt darin von abstrakten Worthülsen, von Buchstaben umhüllten Luftblasen, obergescheiten Überbegriffen, nichtssagenden Umschreibungen, bedeutungslosen Dachformulierungen und exaltierten Fremdwörtern.

So was macht einen Text nicht sympathisch. Im Gegenteil. Der Leser kämpft mit ihm wie mit einem intellektuellen Gorilla und weiß am Schluss trotzdem nicht, was ihm der Autor mit diesen Worten sagen wollte. Schlichte Worte sind die kleinen Kraftwerke, die deinen Text mit Energie versorgen. Sie sind nur einen Buchstaben von schlecht entfernt und doch so weit weg davon. Denn schlicht ist nicht zu verwechseln mit banal. Wenn etwas banal ist, liegt es nicht an den schlichten Worten, sondern am Inhalt, den sie transportieren. Eben am Gedanken.

Die stärksten Worte der deutschen Sprache sind schlicht. Zum Beispiel Herz, leben, schön, Stern, freuen, gut, Lust, wollen, böse oder Macht. Ihre Bedeutung ist so unmissverständlich, dass sie wenig Spielraum für Interpretationen lassen. Was ja das Hauptproblem beim Schreiben ist: Wie kriegst du deinen Gedanken von deinem Hirn in das des Lesers?

Gedacht ist nicht gleich geschrieben, geschrieben ist nicht gleich gelesen, und gelesen ist nicht gleich verstanden. Auf diesem Weg gibt es so viele Abzweigungen, die den Leser in die falsche Richtung führen könnten, dass man ihm die Route gar nicht genau genug vorgeben kann. Und das geht am besten mit schlichten Anweisungen.

Du wirst mit einem Text nie alle Leser erreichen. Es werden nie alle exakt das sehen, was du ihnen vorgeschrieben hast. Aber du kannst wenigstens versuchen, sie durch deine Augen schauen zu lassen. Indem du bei jedem Wort bedacht bist, selbst deine kompliziertesten Gedankengänge so einfach wie möglich zu erklären.

Die Liebe zum Beispiel. Im Leben unbeschreiblich, auf dem Papier ganz einfach. Kein anderes Wort drückt genau das aus. Liebe ist Liebe. Wenn einen wer aus Zuneigung heiratet, kann man schon drauf pfeifen. Oder Hass. Kein anderes Wort drückt genau das aus. Hass ist Hass. Wenn einer Abscheu empfindet, fehlt ihm schon was von der Wucht dieses Gefühls. Für die Aussagekraft der schlichtesten Worte findet man kaum ein Synonym.

Ganz im Gegensatz zu vagen Dachbegriffen. So was wie Aspekte. Abstrakter geht es nicht. Unter diesen nichtssagenden Ausdruck lässt sich so ziemlich alles packen, was dem Leser einfällt. Nur wird er nicht einmal drüber nachdenken. Geschweige denn es verstehen.

Und verstehen ist noch nicht einmal das Beste, was dem Leser passieren kann. Gelingt es dir, dass er fühlt, was du geschrieben hast, dass er es sieht, schmeckt, riecht und hört, hast du ihn für dich gewonnen.

Das Kunststück wird kaum gelingen mit Verben wie instrumentalisieren oder funktionalisieren, mit Adjektiven wie hypertroph oder atavistisch, mit Substantiven wie Innovationspostulat oder Entkanonisierung. Was nicht heißt, dass dir die Finger abfallen werden, wenn du ein Fremdwort in deinen Text implantierst.

»Hat das jetzt weh getan? Implantierst.«

»Ein bissel schon.«

Es gibt durchaus Fremdworte, die nicht im Aug brennen. Team, Flop oder E-Mail haben es sich im deutschen Wortschatz zu Recht gemütlich gemacht. Sie sind kurz, man braucht sie nicht erklären, sie machen einfach ihren Job.

Das schlechte Beispiel

Dass Hans Eva emotional in aufrechtem Wohlwollen verbunden war, versetzte den Kreis seiner Familie, Freunde und Bekannten in Erstaunen, da sie ein Wesen mit enervierendem Innenleben besaß.

Das gute Beispiel

Hans liebte Eva. Das erstaunte die Menschen rund um ihn. Denn sie war eine Nervensäge.

Also.
Vermeide abstrakte Worte, sie sind Luftblasen.
Ersetze Worte, die du erklären müsstest.
Verschmähe Worte, die du nicht definieren kannst.

- Abstrakte Worte klingen gescheit, sagen aber nichts Konkretes aus.
- Du schreibst in deutscher Sprache, benutze sie auch.
- Fremdworte klingen fremd.
- Vorsicht bei Anglizismen, setze sie möglichst sparsam ein.
- Verärgere den Leser nicht mit pseudointellektuellem Getue.

Auf die Art arbeitest du wie **Peter Altenberg**:
Hüte dich vor dem Imposanten. Aus der Länge des Stiels kann man nicht auf die Schönheit der Blüte schließen.

TIPPS AUS DER PRAXIS

- Übersetze dir deinen Gedanken ins Umgangssprachliche und formuliere ihn dann bloß ein bisschen eleganter.
- Frage dich: Wie würdest du es einem Kind erzählen?
- Geniere dich nicht, ein Synonym-Wörterbuch zu benutzen.

Übung 1 Schreib diesen Satz um. Verwende schlichte Worte:
Jack fuhr an den rechten Fahrbahnrand, um einen Ausscheidungsakt zu vollführen.

Übung 2 Schreibe eine kurzen Text in schlichten Worten zum Thema Grenzüberschreitung. Lege die Geschichte als Parabel an, in der es auch um die eigenen Grenzen geht. Folgende Szenerie:
Ein Mann kommt zu einer Grenze, viele Menschen warten. Er reiht sich in die Schlange ein. Offenbar traut sich niemand den Schranken zu passieren. Nur der Mann sucht eine Lösung.

Schreibe in kurzen Sätzen

Ein Satz im Einsatz

SO NICHT

Die Geschichte ist deshalb so traurig, weil Schreiber grundsätzlich Menschen sind, die sich nach Harmonie sehnen, obwohl das natürlich mit ihrem Beruf überhaupt nicht zu vereinbaren ist, da hätten sie Yoga-Lehrer werden müssen oder Henker, aber das ist jetzt nicht so wichtig, es geht nicht um die Schreiber, sondern um das, womit sie es ständig zu tun haben, um die Worte und die Silben, die ihnen nie was getan haben, außer, dass sie nicht da waren, wenn sie gebraucht worden wären, die jetzt aber gegeneinander in den Krieg ziehen, und zwar völlig grundlos, nur weil eine Vorsilbe plötzlich einen Minderwertigkeitskomplex aufgerissen und sich eingebildet hat, etwas unsicher zu stehen auf ihren drei Buchstaben, und nicht einmal unrecht gehabt hat damit, weil so ein prä- ist ja nicht sehr stabil, was allerdings die Kollegen etwas nervös gemacht hat, allen voran das -historisch und ganz besonders das -potent, das schon hin und wieder etwas renitent war und mit dem im- gestritten, es dann aber einfach hängen gelassen hat, wie es so seine Art ist, aber wurscht, alles Geplänkel, wohingegen jetzt der ganze Sprachschatz in Unruhe geraten ist, zumal sich auch die Gilde der Substantive betroffen fühlt, immerhin ja auch nicht ganz unabhängig von Vorsilben, weil's ja gleich was anderes heißt, wenn, sagen wir, die Zucht ein In- dazukriegt, wo es sich doch eh drüben bei der Toleranz wichtig machen und die verunglimpfen kann, gar nicht zu reden von der Kettenreaktion, die das bei den anderen Vorsilben auslösen könnte, zum Beispiel im Fall einer Ver-Einigung oder wenn sich so ein freches per- aufpudelt und grade an den feinen Vers andockt, worauf sich dann keiner mehr einen Reim machen könnte, na, da wär was los, haben sich alle ausgemalt, die noch ein Vor- beim Denken hatten, und waren so beschäftigt damit, dass keiner den Punkt bemerkt hat, der immer wieder versucht hat, die Streithälse zu trennen und gesagt hat, Freunde, das führt doch zu nichts, wenn ihr ewig so weitertut, reißt euch zusammen, das ist doch blöd, was leider das Stichwort für die Adjektive war, die sich bis jetzt zu gut dafür waren, sich am Tumult zu beteiligen, weil sie immer glauben, sie sind was Besseres, aber damit automatisch die Substantive beleidigen, was denen eh schon auf die Nerven geht, seit dieser Gutenberg den Buchdruck erfunden hat, und damit noch eine Front entstanden ist, die dem Punkt zu schaffen machte, der sonst alles beenden kann, was zu sehr ausufert, zumindest auf dem Papier, aber wenn's hart auf hart geht, in Zeiten der Anarchie, wenn alle mit den Messern zwischen den Buchstaben aufeinander losgehen, keine Chance hat, was ihn schließlich so verzweifeln ließ, dass er zum Frieden gerannt ist, und gesagt hat, tu bitte was, die sind alle völlig deppert geworden, worauf der Friede gesagt hat, na und, bring's halt auf den Punkt.

Autoren sollten stehend an einem Pult schreiben.
Dann würden ihnen ganz von selbst kurze Sätze einfallen.
Ernest Hemingway

Was heißt überhaupt kurze Sätze?
Vier Worte: Schreib nie zu viel.

Das schlechte Beispiel
Es ist nicht gesagt, dass Menschen, die bei jedem kleinsten Symptom Angst vor einer möglicherweise unheilbaren Krankheit haben und die sich fürchten, sich bei jedem, der krank ist, anzustecken, nicht trotzdem krank werden und dieser Krankheit erliegen können.

Das gute Beispiel
Hypochonder sterben.

Also.
Mach.
Mehr.
Punkte.

- Kurze Sätze sind leserfreundlich.
- Schachtelsätze sind schwatzhaft.
- Beschränke dich aufs Wesentliche.
- Vermeide Weitschweifigkeit.
- Plappere nicht, schreib.
- Verzichte auf jedes unnötige Wort.
- Prägnant und kurz schreiben ist die Kunst.
- Bring deine Sätze auf den Punkt.

Auf die Art arbeitest du wie **George Orwell:**
Wenn es möglich ist, ein Wort zu streichen, streiche es.

TIPPS AUS DER PRAXIS

- Pass auf, dass du im Überschwang des Kürzens nicht auch Inhalt wegkippst. Wenn es wichtig ist, ein Staubkorn zu beschreiben, beschreibe es.
- Überprüfe deine Sätze auf Füllfloskeln, wie wohl oder übel, mehr oder weniger. Überlege dir, ob du nun mehr meinst oder weniger.
- Kurze Sätze heißt nicht, schreibe nur Hauptsätze. Trau dich auch, vor einem Nebensatz einen Punkt zu machen und den für sich dastehen zu lassen.
- Auch wenn du es anders gelernt hast: Einen Satz mit und zu beginnen, ist möglich. Und manchmal lässig.
- Findest du beim Durchlesen immer noch zu lange Sätze, suche dir einfach einen Beistrich, aus dem man auch einen Punkt machen kann.

Übung 1 Sag es mit vier Worten, ohne eine Information wegzulassen: Er gab ihm eine schallende Ohrfeige, in die er mit Bedacht alles Gefühl hineinlegte, das er gegen ihn hatte.

Übung 2 Fasse diesen Text in kurzen Sätzen zusammen, ohne eine Information wegzulassen. Streiche das Füllmaterial und arbeite den Kern der Aussage heraus, dann komprimierst du den Text auf weniger als ein Drittel.

Er ergriff das Wort und kam zu dem Schluss, er sehe keine wie immer geartete Notwendigkeit, auf dem Gebiet der Schadensbegrenzung mehr oder weniger gezielt tätig zu werden. Die leidige Angelegenheit sei in einem Stadium der absoluten Regungslosigkeit letztendlich zum völligen Stillstand gekommen. Die einzig verbleibende Art der Reaktion, die noch Hoffnung auf eine mögliche Lösung darstellen könnte, war die Möglichkeit einer nochmaligen Wiederaufnahme der Gespräche zwischen allen Beteiligten; für die handelnden Personen allerdings schlichtweg ein Ding der Unmöglichkeit.

Sei sparsam mit den Silben

Aus der Broschüre eines Tourismusverbandes

SO NICHT

Allerherzlichst willkommen in Llanfairpwllgwyngyllgoge-
rychwyrndrobwllllantysiliogogogoch.

Wir sind eine klitzekleinwinzige Provinzregionsortschaft einer Katastralgemeinde im Süden der Insel Anglesey in der gleichna-
migen Grafschaft im Nordwesten von Wales. Wortwörtlich übersetzt
bedeutet der Name unseres wildromantischen Hinterwaldnestes:
Marienkirche-in-einer-Mulde-weißer-Haseln-in-der-Nähe-eines-
schnellen-Wirbels-und-in-der-Gegend-der-Thysiliokirche-die-bei-ei-
ner-roten-Höhle-liegt.

Und haargenau so kann man sich unser Dorfgemeinschaftszusam-
mengehörigkeitsleben vorstellen. Wir sind zwar eine etwas einsilbi-
ge Volksgruppe, aber einmal in der Kalenderwoche versammeln wir
uns zum Sonntagsnachmittagskaffeekränzchenklatsch, der im tradi-
tionellen Haselnussheidelbeerhagebuttenbiskuitscheibencremeku-
chenbacken seinen Stimmungshöhepunkt findet. Wir sind ausgesprochen gastfreundlich, und deshalb ist jede Zufallstouristenreise-
busgesellschaft gerne eingeladen. Sollte man längerfristig bleiben
wollen, hilft die Fremdenzimmervermietungsvermittlungsagentur
bei der Entscheidungsfindung bezüglich der Unterkunftsnächti-
gungsquartiere.

Wir haben einiges an Ferienstimmungserlebnissen zu bieten. Bei-
spielsweise unser allwöchentlicher Birkenholzfälleraxtweitwerfwett-
bewerb. Oder unsere Häkelanleitungsschnellvorlesungsspielrunden.
Sie sehen schon, es ist für jeden was dabei.

Auch am Dorfgesamterscheinungsbilderneuerungsprogramm ist
uns gelegen. Nachdem das Straßenbasaltsplittereinstreudecken-
bauverfahren abgeschlossen ist, stürzen wir uns mit Feuereifer auf
die Verwirklichung unserer Eigentumshausaußenfassadengestal-
tungspläne, die unser Gemeinderatsverschönerungssonderaus-

schussgremiumsvorsitz dankenswerterweise genehmigt hat. Apropos Politik. Wir sind sehr stolz auf unseren Gleichbehandlungstoleranzförderungsfonds, dem es nach vielen Diskussionsarbeitsgruppenzusammenkünften gelungen ist, eine Linksradikalenrechtsschutzversicherung auszuarbeiten.

Natürlich fahren auch wir manchmal auf Urlaub. Üblicherweise mit dem Eisenbahnwagen bis zur Station Gorsafawddacha'idraigodanheddogleddollônpenrhynareurdraethceredigion, wir sind ein sehr heimatverbundenes Volk. Nichtsdestotrotz gibt es durchaus auch Dorfbewohner, die schon zum Gipfelkreuz des Taumatawhakatangihangakoauauotamateaturipukakapikimaungahoronukupokaiwhenuakitanatahu in Neuseeland gestiegen sind. Wunderschöner Panoramalandschaftsweitblick, aber wir kehren doch allesamt immer wieder gern nach Hause zurück. Nur da fühlt man sich halt so richtig verstanden.

Manche Wörter sind so lang, dass sie keine Wörter sind,
sondern alphabetische Prozessionen.
Mark Twain

Was heißt überhaupt, spare mit den Silben?

Großzügigkeit ist eine Tugend. Außer beim Schreiben. Mit Silben um sich zu werfen, ist eine Art Protz, die beim Leser nicht gut ankommt. Lange Worte lesen sich umständlich, kompliziert und fad. Kurze Worte sind auf den ersten Blick zu verstehen. Und das sogar, wenn die Buchstaben wild durcheinandergewürfelt sind:

Afugrnud enier Sduite an enier Elingshcen Unvirestiät ist es eagl, in wlehcer Rienhnelfoge die Bcuhtsbaen in eniem Wrot sethen, das enizg Wcihitge dbaei ist, dsas der estre und lztte Bcuhtsbae am rcihgiten Paltz snid. Der Rest knan ttolaer Bölsdinn sien und du knasnt es torztedm onhe Porbelme lseen. Das ghet dseahlb, wiel wir ncbit Bcuhtsbae für Bcuhtsbae enizln lseen, snodren Wröeter als Gnaezs.

Sehen ist also gleich verstehen. Je länger ein Wort ist, desto mehr zwingt man den Leser, Buchstabe für Buchstabe zu lesen, als hätte er es eben gelernt. Es verlangt ihm erhöhte Konzentration ab. Es nötigt ihn, aufmerksam und langsam zu lesen. Es macht ihn müde und einen Text mit noch so spannendem Inhalt langweilig.

Was nicht heißt, dass du ausschließlich Worte mit drei, vier Buchstaben verwenden darfst, um den Leser in Atem zu halten. Du musst die Silben nicht mit dem Lineal abmessen, du brauchst dir deine Worte nur anzuschauen. Haben sie etwas von Bandwürmern, die sich durch den Text schlängeln, sind es die falschen.

Polizisten sind Meister im Verschleudern von Silben. Sie meinen Auto und sagen Kraftfahrzeug, sie meinen Verletzte und sagen Personenschaden, sie meinen sich selbst und sagen Exekutivbeamte. Aber bitte, das ist die Sprache, der sie ausgesetzt sind. Schreiber müssen sich an kein Idiom halten, sie haben nur eine Aufgabe: ihre Leser zu fesseln.

Schlagzeilen leben von diesem Prinzip. Für einen Titel wie: Kardinal Ratzinger wurde zum Oberhaupt der katholischen Kirche gewählt, hätte man schon ein Plakat gebraucht. Die Headline in der Bild-Zeitung hatte bloß drei Silben: Wir sind Papst.

Kürzere Worte zu suchen ist eine Methode, so kraftvoll zu schreiben, dass es sich angenehm liest, dass der Leser es sich merkt und es nacherzählen kann.

Die zweite Möglichkeit ist noch einfacher. In vielen Fällen brauchst du dir gar keine kürzeren Worte überlegen, du lässt nur die unnötigen Silben weg. Zum Beispiel die vor Fremdworten wie nachrecherchieren, mitpartizipieren oder hineininterpretieren. Es gibt keinen Unterschied zu recherchieren, partizipieren, interpretieren. Die Vorsilben haben sich irgendwie von der Übersetzung dieser Worte ins Deutsche geschummelt, weil sie dadurch vielleicht vertrauter klangen. Hübscher und verständlicher macht es sie nicht. Arthur Schopenhauer hat so was Wortdreimaster genannt, denen man mindestens einen Mast kappen soll.

Und dann gibt es noch die Unart, schöne Worte mit Nachsilben aufzumotzen. Wenn aus dem Befinden die Befindlichkeit wird, kann man über einen gewissen Unterschied im Wortsinn noch diskutieren. Bläst man den Ort zu einer Örtlichkeit auf, wird der nicht größer. Bläht man die Leidenschaft zur Leidenschaftlichkeit auf, wird's unromantisch.

Das schlechte Beispiel
Jeder Verzehrplatz in der Gastwirtschaft war besetzt, nichtsdestotrotz war die Ausbeute an nicht zu versteuernden Einkünften gering.

Das gute Beispiel
Das Wirtshaus war voll. Trotzdem gab es wenig Trinkgeld.

Also.
Überlege dir jede Silbe.
Schreibe kurzweilig.
Gib deinen Worten Kraft.

- Verlängere deinen Text nicht unnötig.
- Lange Worte sind kompliziert und unklar.
- Worte mit vielen Silben lähmen den Leser, kurze Worte halten ihn auf Trab.
- Lass den Leser nicht über mehr Hürden springen, als er muss.

Auf die Art arbeitest du wie **Winston Churchill**:
Die alten Worte sind die besten und die kurzen die allerbesten.

- Zähle deine Silben. Du kannst dich an die Faustregel halten: Für ein Wort ab fünf Silben findest du sicher ein kürzeres.
- Hat ein Wort zu viele Silben, verzichte darauf und erkläre seine Bedeutung in einem Nebensatz.
- Hänge keine Silben unnötig an. Zum Beispiel sicherlich: sicher genügt. Oder kürzlich: vor Kurzem ist besser. Oder: lebenslänglich: Es heißt lebenslang.

Übung 1 Durchsuche diesen Text nach Wortdreimastern:
Die Glatteisbildung war noch niemals so ausgeprägt wie heuer. Gewitterstürme hatten vorzeitig kalte Wetterverhältnisse gebracht. Noch bevor es ihm seine Ehegattin aufoktroyieren konnte, ergriff er die Eigeninitiative, um die Situation vor der Haustür abzuändern. Er war fest entschlossen, aus seinem Garten letztendlich wieder ein Eldorado zu machen.

Übung 2 Welche Wortdreimaster fallen dir noch ein?

Übung 3 Was ist eine Osterhasennasenhaarentferneraufladestationsbatteriereinigungssystemsteuerungsstromversorgung? Wie immer du das erklärst, verwende kurze Worte.

Fürchte dich vor dem Passiv

Das Horoskop von gestern

SO NICHT

Widder 21.3.–20.4. Vom Karrierestern wurde hell gestrahlt. Je mehr Ihre Kräfte von Ihnen eingesetzt wurden, desto mehr wurde von Ihnen herausgeholt. Finanziell wurde zur Vorsicht geraten. Auch privat wurde nicht alles nach Ihren Wünschen umgesetzt. Ihr Partner wurde mit netten Worten bei Laune gehalten.
Stier 21.4.–20.5. Mars wird noch in einem Spannungsaspekt gehalten. Im Beruf wurde es Ihnen nicht leicht gemacht, dass von Ihnen der rote Faden gefunden werden konnte. Damit Fehler vermieden werden konnten, wurde zur Taktik der kleinen Schritte geraten. Privat wurde von Ihnen Gefühl gezeigt, es wurde erwidert. Auch Ihre Finanzen wurden von den Sternen ausgezeichnet beschienen.
Zwillinge 21.5.–21.6. Sie wurden als ehrgeizig erkannt, es wurde festgestellt, dass Sie viel vorgehabt haben. Was von Ihnen geplant worden war, wurde durchgezogen. Ihre Mühen wurden von Erfolg gekrönt. Ihr Privatleben wurde von Ihnen als harmonisch empfunden.
Krebs 22.6.–22.7. Ihr Berufsalltag wurde von Ihnen gut absolviert. Es wurde sich von Ihnen über die ruhige Woche gefreut. In aller Ruhe wurden neue Pläne geschmiede. Der Liebesstern wurde beim hellen Strahlen beobachtet. Im Kreise Ihrer Lieben wurden schöne Stunden verbracht. Singles wurde ihr Traumpartner in Aussicht gestellt.
Löwe 23.7.–23.8. Es wurden starke Nerven gebraucht. Vom Mars wurden Sie ungeduldig, aber das wurde rechtzeitig von Ihnen gebremst. Wenn von Ihnen zu fordernd aufgetreten worden war, wurde alles nur noch schlimmer gemacht. Es wurde versucht, dass mehr auf Ihre Mitarbeiter gehört wurde. Ihre Beziehung wurde in Einklang gebracht.
Jungfrau 24.8.–23.9. Im Beruf wurden Ihnen Türen geöffnet. Von Jupiter wurde für die notwendige Portion Glück gesorgt. Vieles wurde leichter bewältigt, weil Ihre Mitarbeiter von Ihnen verstanden wurden und gut zusammengearbeitet werden konnte. Vom Liebesstern

wurden Ihnen die schönsten Seiten gezeigt. Von Herzenswünschen wurde es für möglich gehalten, dass sie erfüllt hätten werden können. *Waage 24. 9.–23.10.* Im Beruf wurde von Ihnen alles gut im Griff gehabt. Ihre Arbeit wurde mit Erfolg belohnt. Es wurde Harmonie vermisst, nach der sich so lange gesehnt worden war. Wurde von Ihnen was dazu beigetragen? Eine Aussprache wurde von Ihnen angeregt, es wurde Ihnen in einer strittigen Frage entgegengekommen.

Skorpion 24.10.–22.11. Es wurde von Ihnen risikoreich gehandelt, dabei hatten Fehler begangen werden können. Damit Sie korrigiert werden konnten, musste sich Zeit genommen werden. Von Gebundenen wurden schöne Stunden genossen. Von Singles hätte was unternommen werden sollen. Es wurden Ihnen gute Chancen prophezeit, damit von Ihnen das große Glück gefunden werden konnte.

Schütze 23.11.–21.12. Für den Job wurden gute Sterne gedeutet. Was sich vorgenommen wurde, wurde als machbar eingestuft. Es wurde festgestellt, dass es schwer geworden war, nicht von Ihnen geschlagen zu werden. Es hätte vorausgedacht werden sollen. Es hätte begonnen werden müssen, dass von Ihnen Kontakte geknüpft werden.

Steinbock 22.12.–20.1. Es hätte sich aufs Geld konzentriert werden sollen. Da hätte viel herausgeholt werden können. Es wurde von schönen Gewinnen gewinkt. Nicht so gut wurde es von den Sternen für Ihr Privatleben gemeint. Es hätte sich von Ihnen versöhnlich gezeigt werden müssen. Im Beruf wurde zügig vorangekommen.

Wassermann 21.1.–19.2. Es wurde Ihnen vom Leben hart gemacht. Von Mars wurde für Ärger gesorgt. Von Ihnen wurden die Nerven verloren, sodass nicht ruhig geblieben wurde, dann wurde gut über die Runden gekommen. Es hätten Freunde angerufen werden sollen.

Fische 20.2.–20.3. Jupiter wurde gut zur Fische-Sonne gestellt. Im Beruf wurden Chancen gesehen. Es hätte zugegriffen werden sollen. Es wurde von Ihnen über Ausdauer verfügt. Bei Verhandlungen wurde viel Geschick bewiesen. Alles, was von Ihnen gewollt wurde, wurde von Ihnen erreicht. In der Liebe wurde von Ihnen Glück gehabt.

> *Es ist Schwerstarbeit, leicht lesbare Bücher zu schreiben.*
> John Irving

Was heißt überhaupt, fürchte dich vor dem Passiv?

Der Unterschied zwischen Aktiv und Passiv, sagt man, ist der Unterschied zwischen Leben und Tod. Bei einem Text im Aktiv tut sich etwas, bei einem Text im Passiv wird etwas getan. Die Beschreibung einer Szene in einem Actionfilm sähe im Passiv so aus: James Bond wurde von der Blondine in die Arme genommen, er wurde kurz abgelenkt, bis der Raum von Terroristen gestürmt wurde. Ihm wurde ein Revolver angesetzt und dann wurde abgedrückt. Von ihm wurde nur ein Klicken wahrgenommen. Da kommt Spannung auf.

Wenn auch viele Krimis darauf aufbauen, dass der Leser nicht weiß, wer da einen Revolver ansetzt, ist er doch dankbar über einen Täter. Eine dunkle Gestalt, die er sich als Unhold vorstellen kann. Eine Hand, die den Revolver hält. Oder einfach nur ein Jemand.

Geht es darum, dass ein Lokal nach dem letzten Betrunkenen zugesperrt wird, stört es den Leser nicht, wenn man ihm vorenthält, ob der Wirt oder der Kellner den Schlüssel umgedreht hat. In diesem Fall wirft das Passiv keine Frage auf. In journalistischen Texten kommt man ums Passiv mitunter nicht ganz herum. Es kaschiert Recherchelücken, wenn man nicht herausfinden konnte, wer etwas getan hat. Oder es verhindert Unannehmlichkeiten, wenn man weiß, wer etwas getan hat, es aber nicht schreiben darf. Und plötzlich ist es dein Freund, das Passiv.

»Du hast komische Freunde.«

»Manchmal wird man zur Freundschaft gezwungen.«

»Was das Passiv aus einem Menschen machen kann.«

Und aus einem Text.

Das schlechte Beispiel
Sie wurde von ihm geheiratet, weil sie von ihm geliebt wurde.
Das gute Beispiel
Er heiratete sie, weil er sie liebte.

Also.
Schreibe aktiv.
Wirf keine Fragen auf.
Geh mit deinen Worten in die Offensive.

- Lass deine Subjekte etwas tun und nicht zu, dass etwas mit ihnen getan wird.
- Das Aktiv erzeugt Spannung, das Passiv nimmt sie.
- Ersticke den Verdacht, du hättest nicht genug nachgedacht oder nachlässig recherchiert.

Auf die Art arbeitest du wie **Max Frisch**:
Die meisten verwechseln Dabeisein mit Erleben.

TIPPS AUS DER PRAXIS

- Das Wörtchen man ist gemeinhin verpönt. Aber unter uns: Man kommt damit gut am Passiv vorbei.
- In ganz bestimmten Fällen ist das Passiv gut eingesetzt. Zum Beispiel um etwas unterschwellig unpersönlich auszudrücken: Es wurde beifällig genickt. Oder um Oberflächlichkeit zu suggerieren: Es wurde am Champagner genippt.

Übung 1 Wandle diesen Text ins Aktiv um.
Der Starkult wurde mit der »kollektiven Erotisierung im Dritten Reich« verglichen. Nur waren diese Polit-Groupies vom Wunsch getrieben, sich ein Kind vom Führer machen zu lassen und Mutter zu werden, während das Interesse der Rock-Groupies mit einer Nacht im Bett irgendeines Idols erschöpft war. Mit dem Rock 'n' Roll, der geschaffen wurde, damit Mädchen aufs Kreuz gelegt werden konnten, wurde von den Groupies nur ein Ziel verfolgt: Mit Sternchen in den Augen wurden sie vom Schweif aller kometenhaft aufsteigenden Stars angezogen. Und gehofft wurde nur auf eins: auf Musik zwischen den Beinen.

Übung 2 Schreibe einen kurzen Text über einen Mann, der keinen Fahrschein hat und im Bus von einem Kontrollor erwischt wird. Verwende kein einziges Zeitwort im Passiv. Zusatzaufgabe: Verpacke die Geschichte in eine Rahmenhandlung.

Arbeite an Wortwiederholungen, verachte sie, spiel mit ihnen

Aus dem Tagebuch eines tagebuchschreibenden Engels

SO NICHT Liebes Tagebuch. Tagebuch, ich sage dir, heute ist mir wieder was passiert. Passiert mir ja dauernd was, aber was mir heute passiert ist, passiert normalerweise nicht einmal mir. Mir wird jetzt noch ganz anders. Anders als sonst hat mich auf meiner Wolke neun heute nicht der Wecker geweckt, geweckt hat mich ein Anruf vom Chef. Chef, sag ich, Herrgott noch einmal, hab ich was vergessen? Vergessen?, schreit er, vergessen wäre mit ein paar Vaterunser vergessen, du hast mich im Stich gelassen. Gelassen war er nicht, liebes Tagebuch. Tagebuchschreiben den ganzen Tag, brüllt er weiter, aber den Anzug vom Petrus nicht aus der Reinigung holen. Hol mich der Teufel, da war ich plötzlich wach.

Wache!, rief ich, aber keiner war da, als ich zum Aufzug am Haupttor kam. Kam mir aber noch nicht komisch vor, vor vorwitzigen Vorstehern vor der Vordertür hatte man mich vor Vorzeiten im Vorbereitungscamp vorsorglich vorgewarnt. Vorgewarnt, pah, wenn's drauf ankommt, kann man sich an so was nie erinnern. Erinnern hätte ich mich überhaupt schon früher sollen, an den Anzug vom Petrus. Petrus ist mit seinen Anzügen eigen. Eigens für ihn wurde die Reinigung eingerichtet im untersten Stock.

Stockt alles, wenn die Wache nicht Wache hält. Hält die ganze Partie auf. Auf was warte ich?, fragte ich mich, hol ich halt selber den Aufzug. Aufzug auf dem Weg hinauf, leuchtete die Aufschrift auf dem aufpolierten Aufzugsdisplay auf. Aufreizend langsam kam der Aufzug. Aufzug da, blinkte es mir endlich entgegen. Entgegen der himmlischen Regel Nummer eins, fahre nie allein mit dem Aufzug nach unten, fuhr ich allein mit dem Aufzug nach unten.

Unten angekommen öffneten sich die Aufzugtüren von selbst. Selbst ist der Engel, dachte ich und missachtete die zweite himmlische Regel, steig auf keinen Fall aus, wenn du schon nach unten fährst. Fährst eh gleich wieder nach oben, wenn du den Anzug aus der Reinigung geholt hast, dachte ich und stieg aus.

Aus aus Auslässen in den Außenwänden herausragenden, aus ausrangierten Autos ausgebauten Auspuffen traten Auspuffgase aus. Aus, dachte ich, das hier ist nicht mehr der Himmel. Himmel, Arsch und Zwirn, ich war ein Stockwerk zu tief gefahren. Gefahren lauerten Schritt für Schritt. Schritt für Schritt stolperte ich über eine Überfülle überstürzt übereinandergestapelter Überreste von überall. Gar nicht überirdisch, überrieselte es mich kalt, dabei überriss ich, wie übertrieben überheizt es hier war, furchtbar.

Furchtbar heiß war mir. So heiß, dass mir der Schweiß an den Flügelenden heruntertropfte. Tropfen für die Augen hätte ich gern mitgehabt, meine Augen brannten von den Auspuffgasen. Gas an, dachte ich, zurück zum Aufzug, rauf in die Reinigung, aber da hatte ich mich schon verirrt.

Verirrt?, fragte eine hohe Stimme. Stimmt, sagte ich und versuchte zu orten, woher die hohe Stimme kam. Kam irgendwo aus Hüfthöhe, aber ich konnte nichts erkennen mit meinen brennenden Augen.

Brennen dir die Augen?, fragte die hohe Stimme, das ist mir am Anfang auch so gegangen, das wird besser. Besser ist nicht gut genug, sagte ich, dort, wo ich herkomme, ist alles perfekt. Perfekt, sagte die hohe Stimme, so was ist uns hier herunten fremd, fremder geht's gar nicht. Nichts ist hier perfekt, das ist echt die Hölle.

Höller mein Name, sagte die hohe Stimme nach einer Pause, ich habe mich gar nicht vorgestellt, Entschuldigung. Entschuldige, sagte ich, ich wusste nicht, dass ihr hier unten so höflich seid. Seit einer Ewigkeit erzählen sie uns oben, ihr hier unten seid das Letzte. Das letzte Mal war ich oben zu Ostern. Ostern? Ja, Ostern 1682, am Ostersonntag. Ich bin vom Jahrmarkt und wollt mir einen Spaß machen, wir vom Jahrmarkt machen ja hauptsächlich Spaß, also hab ich mich verkleidet.

Verkleidet als Osterhase, sagte ich und lachte. Du lachst, sagte die hohe Stimme, ich wollte auch, dass die Leute lachen, Lachen war aber noch immer nicht besonders in damals bei den Würdenträgern. Würdenträger sind … na wurscht. Wurscht war's mir dann nicht mehr, als sie mich an den Eiern aufgehängt haben, bis ich die Löffel abgab und seitdem hier meine Tage abstottere. Aber, aber …, stotterte ich, als ich etwas in meiner Hand spürte, etwas Weiches, Seidiges. Weich und seidig wie der Kopf eines Hasen, nur mit zwei Löchern. Den Löchern, wo sonst die Ohren sitzen.

Sitzen muss ich jetzt hier, sagte die hohe Stimme und sie sagte noch so einiges mehr, aber das Mehr hörte ich nicht mehr. Mehr als alles andere wollte ich zurück zum Aufzug und wieder hinauf. Wieder hinauf auf meine Wolke. Wolke neun. Neun Vaterunser beten und vergessen, dass demnächst Ostern ist, Ostern mit Millionen von Osterhasen ohne Löcher auf dem Kopf, nur vergessen. Vergessen hab ich natürlich den Anzug vom Petrus, und Petrus war so sauer, dass er mich ausgeschlossen hat, ausgeschlossen von der Osterparade. Die Osterparade, bei der ich heuer zum ersten Mal als Osterhase mitmarschieren hätte dürfen.

Tja, liebes Tagebuch. Tagebuch, du siehst, heute ist mir wirklich was passiert. Passiert mir ja dauernd was, aber was mir heute passiert ist, passiert normalerweise nicht einmal mir.

Denn eben wo Begriffe fehlen, stellt ein Wort zur rechten Zeit sich ein.
Mit Worten lässt sich trefflich streiten, mit Worten ein System
bereiten, an Worte lässt sich trefflich glauben, von einem Wort lässt
sich kein Jota rauben.

Johann Wolfgang von Goethe (Faust)

Was heißt überhaupt Wortwiederholung?

An manchen Tagen sind Schreiber Wiederholungstäter. Es mag mit Zeitdruck zu tun haben oder mit Schlamperei. Entweder denkt man zu langsam oder man schreibt zu schnell. Und schon steht da: Sie zog ihren Kopf ein, aber ihr Kopf war zu groß. Es mag mit dem Biorhythmus zu tun haben oder mit dem Rotwein vom Abend davor. Entweder fällt einem nichts ein oder es fällt einem nichts auf. Und schon steht da fast gar nichts.

»Zum Beispiel heute. Mir fällt überhaupt nichts ein.«

»Du wiederholst dich. Das hör ich jeden Tag.«

Egal woher sie kommen, Wortwiederholungen, die nicht bewusst gesetzt sind, sind schlechte Wortwiederholungen. Wortwiederholungen, die als Stilmittel verwendet werden, sind gute Wortwiederholungen. Sie lösen beim Leser einen Aha-Effekt aus. Er erkennt Formulierungen wieder und auch die Absicht dahinter. Etwas Wichtiges hervorzuheben. Etwas vorzubereiten, was sonst leicht zwischen die Zeilen rutschen und dem Leser entgehen könnte. Etwas aufzugreifen, was man schon angedeutet hat.

Und man wiederholt sich mitunter auch, um etwas nicht ständig in anderen Worten wiederholen zu müssen: Am nächsten Tag rief er mich an, um mir zu sagen, dass er mich am nächsten Tag anrufen werde.

Seltsamerweise werden Wortwiederholungen am ehesten dort vermieden, wo man sie am wenigsten vermeiden müsste: beim Wörtchen sagen nach einem Zitat. Was bei Dialogen in Romanen niemanden stört, weil es das Gehirn nicht als Wortwiederholung wahrnimmt, wird in anderen Texten von Journalismus bis PR permanent neu erfunden. Hat man einmal nach einem Ausführungszeichen sagt geschrieben, ist das Wort offenbar für den Rest des Textes tabu. Der Nächste muss schon berichten, worauf die Übrigen ihre Mitteilungen nur mehr betonen, unterstreichen, anmerken, erzählen oder erläutern dürfen. Sie weisen auf etwas hin, erinnern an, lenken ein oder dozieren über. Sagen ist die neutralste Art, jemanden reden zu lassen.

Im manischen Versuch, sagen zu umschreiben, verzerrt der Schreiber oft die eigentliche Bedeutung eines Zitats:

»Ich bin sicher«, sagt er. Jemand stellt etwas fest.

»Ich bin sicher«, weiß er. Jemand ist sicher.

»Ich bin sicher«, meint er. Jemandem wird unterstellt, dass er sich doch nicht ganz so sicher ist.

»Ich bin sicher«, glaubt er. Jemandem wird unterstellt, dass er keine Ahnung hat.

»Ich bin sicher«, findet er. Jemand ist noch am Suchen.

»Ich bin sicher«, behauptet er. Jemandem wird unterstellt, dass er ziemlich sicher das Gegenteil meint.

»Ich bin sicher«, vermutet er. Jemand hat einen Verdacht.

Natürlich kannst du mit all diesen Zeitworten auch gezielt arbeiten. Um der Person, die du zitierst, die Glaubwürdigkeit zu nehmen, ihn als Dampfplauderer oder Dolm darzustellen.

Was allerdings auf keinen Fall geht, ist so was:

»Ich bin sicher«, lächelt er.

»Ich bin sicher«, schmunzelt er.

»Ich bin sicher«, kichert er.

»Ich bin sicher«, zwinkert er.

Mit einem Satz kann man fast alles. Lächeln, schmunzeln, kichern oder zwinkern kann man ihn nicht. Man kann ihn nur sagen und dabei lächeln, schmunzeln, kichern oder zwinkern.

Die böse Schwester der Wortwiederholung ist die Sinnwiederholung. Böse deshalb, weil sie sich im Satz gekonnter versteckt und beim Durchlesen noch weniger ins Auge springt als die Wiederholung eines Wortes. Zum Beispiel: Die ehemalige Arbeitshose von einst trat als Jeans ihren Siegeszug an. Da muss man beim Durchlesen schon sehr genau schauen, um den zweifachen Hinweis auf die Vergangenheit zu entdecken. Wiederholungen können sich vorm Schreiber wunderbar verstecken. Vorm Leser verstecken sie sich nicht.

Das schlechte Beispiel

Ich wusste als Kind damals lange nicht so viel, wie die heutigen Kinder mittlerweile jetzt wissen.

Das gute Beispiel

Was ich erst heute weiß, weiß heute schon jedes Kind.

Das schlechte Beispiel

Ein Mann hat's nicht leicht. Ununterbrochen zwingt ihn etwas, das stärker ist als er, mutiger zu sein als die anderen. Ständig drängt ihn was, andere zu überholen. Unentwegt fordert etwas in ihm, andere zur Schnecke zu machen. Permanent liegt es ihm im Blut, andere auf dem Boden liegen sehen zu wollen. Und fortwährend beschränkt sich sein Horizont am liebsten auf das Eine.

Ein Mann hat's nicht leicht. Ununterbrochen zwingt ihn etwas, das stärker ist als er, stärker zu sein als die anderen. Ständig drängt ihn was, sich vorzudrängen. Unentwegt fordert etwas ihn ihm, andere herauszufordern. Permanent liegt es ihm im Blut, andere in ihrem Blut liegen sehen zu wollen. Und fortwährend beschränkt sich sein Horizont am liebsten auf die Horizontale.

Also.
Schreibe aufmerksam.
Wiederhole dich nur mit Absicht.
Schaue zweimal, ob du was doppelt hast.

- Unbewusste Wortwiederholungen sind lästig, bewusste prägen sich ein.
- Vermeide den Eindruck, dein Text wäre dir so egal, dass du ihn nicht einmal mehr durchlesen wolltest.
- Riskiere nicht, als schlampiger Autor zu gelten.

Auf die Art arbeitest du wie **Carl Zuckmayer**:
In jedem Künstler steckt ein Pedant.

TIPPS AUS DER PRAXIS

- Im Bemühen, Wortwiederholungen zu vermeiden, tappst du leicht in zwei andere Fallen: falsche Synonyme zu wählen oder etwas zu kompliziert zu umschreiben.
- Achte auch auf die kleinen Wiederholungstaten. Zum Beispiel: Wer mitspielen will, muss geeignete Mittel mitbringen. Oder: Es gibt Menschen, die die Sonne meiden müssen.
- Du kannst auch Sätze, Absätze, ganze Textteile wiederholen. So was macht eine Geschichte mitunter dynamischer.

Übung 1 In diesem Text wird viel gehustet. Schreibe ihn um. Vermeide Wortwiederholungen oder setze sie bewusst ein:

Immer mehr Kinder erkranken an kindlichem Asthma bronchiale. Zurzeit erkranken in Österreich etwa 20 Prozent der Kinder, in manchen Industriestaaten noch deutlich mehr. Allerdings wird nur ein Bruchteil der Erkrankten diagnostiziert und einer zielführenden Behandlung zugeführt. Mit der richtigen Behandlung kann man Asthma bronchiale in vielen Fällen heilen. Die Frage, warum so viele Erkrankungen nicht erkannt werden, ist nicht leicht zu beantworten. Die Beschwerden sind unspektakulär, bestehen im Wesentlichen aus chronischem Husten, Husten nach Belastung und nächtlichem Husten. Auf Initiative der nö. Lungenfachärzte wurde nun eine Informationsbroschüre erarbeitet, die mit Unterstützung des Landesschulrates an allen Pflichtschulen verteilt wird. Eine Auflage von 160 000 Stück soll gewährleisten, dass möglichst alle Schüler und deren Eltern erreicht werden.

Übung 2 Spiele bewusst mit Wiederholungen. Wiederhole Satzteile, ganze Sätze, lege den gesamten Text auf Wiederholung an. Das Thema: Schreibe eine Kolumne in der Ich-Form über einen Typen, der sich aufregt. Der erste Satz ist: Er ist aufgeregt, hektisch, auf 180.

Geize mit den Eigenschaften und mache dir keine Umstände

Das tragische Liebesdrama der singenden Madonna

SO NICHT

Die lange Ehe steht vor dem plötzlichen Aus. Die verheiratete Madonna und der ihr angetraute Guy Richie gehen getrennte Wege. Aus vornehmer Rücksicht auf die kleinen Kinder wollen sie »kein furchtbares Drama« inszenieren; das erledigen schon die bösen Medien. Penible Chronik einer angekündigten Trennung.

Kalte Herzen schlagen langsamer. Man musste kein herzloser Kardiologe sein, um das schnell zu begreifen, genau zu sehen, wie frostig der kühle Auftritt im heißen Cannes war. Roter Teppich, freundliches Lächeln, weil die gezückten Kameras der ständig fotografierenden Paparazzi nur oberflächliche Äußerlichkeiten zeigen. Die schöne Madonna, im passenden schwarzen Kleid, hob anmutig die zarte Hand und probierte ein zaghaftes Winken, der trübselig wirkende Ehemann Guy Richie ging zwei angemessene Schritte hinter ihr, und seine starre Miene war steinern wie bei einer traurigen Beerdigung.

Die große Liebe wird stilvoll zu Grabe getragen. Was einmal schön war, ist nicht mehr gut. Und was künftig bleibt, ist die triste Silhouette des schillernden Glücks, ein dunkler Grauschleier. »Die perfekte Ehe hat sich über die vielen Jahre totgelaufen«, sagen enge Freunde. »Mit der künstlerisch begabten Madonna und dem filmisch engagierten Guy ist es endgültig aus. Alles sehr freundschaftlich. Die haben sich einfach komplett entliebt.«

Aber die tolle Show muss äußerlich weitergehen. An der sonnigen Côte d'Azur präsentierte die erfolgreiche Pop-Queen ihren neuen Dokumentarfilm über das ostafrikanische Malawi, »I Am Because We Are«, von ihr bestens produziert und unter der professionellen Regie eines gewissen Nathan Rissman. Das bedeutsame Werk wurde bereits im diesjährigen April beim renommierten Tribeca Film Festival in New York vorgestellt; ein paar begeisterte Fans haben enthusiastisch geklatscht. »I Am Because We Are« dürfte nicht so viel teures Geld einspielen wie der neue »Indiana Jones«, für die menschlich interessierte Madonna allerdings ist's ein ehrliches Anliegen.

Im vorvorigen Oktober war sie ins heftige Kreuzfeuer der hinterhältigen Yellow Press geraten. Man warf ihr knallhart vor, sie hätte ihren jüngsten Adoptivsohn David Banda aus dem fernen Afrika wie ein bloßes Souvenir mitgenommen, noch dazu soll sie die herrschenden Adoptionsgesetze im fernen Malawi achselzuckend gebrochen haben. Scheußliche Sache.

So bejubelt die beliebte Madonna in rhythmischen Belangen ist, so katastrophal gestaltet sich ihr privates Liebesleben. Laute Schreiereien gibt es trotzdem nie. Die schlimmen Beziehungskrisen spielten sich immer auf einer subkutanen Ebene ab, gingen unter die weiche Haut. Die sensible Madonna ist überhaupt eher metaphysisch unterwegs, ganz versessen auf die altjüdische Lehre der rätselhaften Kabbala, und die große Indienreise am beginnenden Anfang des heurigen Jahres war für sie eine einzige helle Erleuchtung. Der desinteressierte Guy Richie hat für den ganzen blöden Krempel, wie er lakonisch sagt, wenig über. Er hält sich an handfestere Dinge. Hochprozentigen Scotch als erklärendes Beispiel.

Im diesjährigen Februar hat sie ihn unsanft aus dem warmen Bett geworfen, sein strenger Duft hielt sich trotz offener Fenster hartnäckig im kuscheligen Schlafzimmer, als läge man unbequem in einer schottischen Schnapsbrennerei. In ihrem luxuriösen Haus im regnerischen London leben sie zurzeit, wenn auch unter einem gemeinsamen Dach, so doch in absolut getrennten Bereichen. Und jetzt ist der brennende Ofen aus. Man hat sich schon ein denkbares Szenario für die bittere Zeit nach der baldigen Trennung überlegt: Die dann alleinerziehende Madonna zieht mit den armen Kindern Lourdes, Rocco und David ins großstädtische New York. Der einsame Guy Richie bleibt im nebligen London und darf die weinenden Kids besuchen, wann immer er wirklich will. Dornige Rosenkriege sollen die anderen verlieren.

Man möge sich an die schönen Zeiten erinnern, sagt die nostalgische Madonna. In einem früheren September des längst vergangenen Jahres 1998, also vor knapp zehn Jahren, lernte sie den feschen Guy bei einem mehrgängigen Dinner im nasskalten London kennen. Prominenter Gastgeber war der musizierende Popstar Sting. Bei kostspieligem Hummer im fettigen Speckmantel und vollmundigem Chateau Petrus fand man schnell fein zueinanderpassende Gemeinsamkeiten, er erzählte ein kleines bisschen was über das bunte Tagewerk eines aufstrebenden Produzenten und sie setzte bloß einen gelangweilten Blick auf, der ein tiefes Loch in die vergehende Zeit brannte. Trotzdem war schnell die glühende Liebe entfacht.

Beruflich hat die geniale Madonna sowieso das seltene Midas-Syndrom. Alles, was sie herzhaft anpackt, wird zu glänzendem Gold, abgesehen von ihrem schauspielerischen Engagement. Im zurückliegenden Jahr 1999 hielt sie ihr schönes Gesicht für eine weltweite Kampagne des bekannten Konzerns Max Factor hin. Nach der schweren Geburt ihres lieben Sohnes Rocco im brütenden August 2000 und der anschließenden Hochzeit im etwas kühleren September startete sie im wieder wärmeren Juni 2001 die pompöse »Drowned World Tour«, jedes angekündigte Konzert war bis zum letzten Platz völlig ausverkauft. Im frischen Herbst 2002 kam der coole Song zum spannenden James-Bond-Film »Die Another Day« heraus und wurde zum meistverkauften 007-Titellied aller jemals dagewesenen Zeiten. Die glückliche Madonna spielte mit in dem vom nicht minder glücklichen Guy Richie gedrehten Film »Swept Away«, leider ein hohles Werk, sprich furchtbarer Flop. Ihrer damals fröhlichen Natur macht das aber nichts. Unangenehmes Scheitern gehöre zum beruflichen Erfolg, sagt sie weise.

Privat erkaltete die bis dahin intakte Beziehung ohne große Gründe. Die beiden früher Liebenden lebten sich schleichend auseinander. Die voll ausgelastete Madonna war letztens mit der anstrengenden Produktion ihres neuen Albums »Hard Candy« beschäftigt, während der verzweifelte Guy inständig versuchte, wieder einmal einen guten Film zu machen. Wer zu sehr in der hehren Kunst verstrickt ist, vergisst schnell aufs banale Leben.

Die von den neugierigen Journalisten bestürmten Pressesprecher bemühten sich in den vergangenen Monaten immer wieder redlich zu betonen, dass bei den beiden »alles in bester Ordnung« sei, unwahre Gerüchte über entzweiende Zwistigkeiten seien vollkommen lächerlich. Und jetzt ist es unwiederbringlich aus, was soll's.

Die einzigartige Madonna und der verflossene Guy gehen getrennte Wege, ohne dass porzellanene Teller gegen kahle Wände krachen oder ölige Anwälte vor dem unparteiischen Scheidungsrichter ein kindisches Kasperltheater aufführen. Gut so. Die betuchte Madonna hat beachtliche 400 Millionen amerikanische Dollar angehäuft und ist heute reicher als die königliche Queen. Die beauftragte Spedition für den anstehenden Umzug in den riesigen Big Apple ist schon rechtzeitig bestellt. Und streng angewiesen alles mitzunehmen, außer den verlassenen Guy.

Bevor sie ein Adjektiv hinschreiben, kommen sie
zu mir in den dritten Stock und fragen mich, ob es nötig ist.
Georges Clemenceau

Was heißt überhaupt, geize mit den Eigenschaften und mache dir keine Umstände?

Eigenschafts- und Umstandswörter machen einen Text bunter, haben sie in der Schule gesagt. Dass nicht jeder, der Buntstifte in die Hand kriegt, auch gut zeichnen kann, haben sie verschwiegen. Adjektive und Adverbien sind die am meisten überschätzte Wortgattung. Sie sind fast immer unnötig.

Unnötig ist eine Beifügung dann, wenn sie keine Zusatzinformation liefert. Sie saß auf einem harten Stein. Er roch das grüne Gras. Sie sprang in den nassen See. Und das bei strahlendem Sonnenschein. All das sagt nicht mehr als das Hauptwort, dem das Adjektiv mehr Farbe verleihen soll. Ein Stein ist fast immer hart. Das Gras ist meistens grün, außer wenn es verdorrt ist, dann ist es braun, oder wenn es illegal ist, dann ist es Marihuana. Der See ist mit Sicherheit nass, selbst im Winter unter einer Eisschicht. Und der strahlende Sonnenschein, der sich so hartnäckig in den Wetterberichten hält, ist ein Pleonasmus.

So eine inhaltliche Verdoppelung, mit der in der Beifügung exakt das noch einmal gesagt wird, was schon das Hauptwort ausdrückt, ist eine Unsitte, die schwer auszurotten ist. Den weißen Schimmel hat man sich fast abgewöhnt. Die seltene Rarität liest man nach wie vor noch oft, sie sollte an einem ernsten Leiden sterben oder einem brutalen Mord zum Opfer fallen. Und die alte Rostschüssel ist so im Sprachgebrauch verwurzelt, dass sie ohne die sinnlose Beifügung überhaupt nicht mehr aufs Papier kommt. Schreibt man bloß Rost-schüssel, hat man das Gefühl, es fehlt einem was. Der Leser hat das Gefühl keineswegs. Er nimmt das Wörtchen alt nämlich gar nicht wahr. Eine neue Rostschüssel dagegen fiele ihm sofort auf. Rollt das Ding schon so vom Fließband, will er wissen warum.

Ganz besonders dick aufgetragen ist das strenge Stillschweigen. Es war einmal das Schweigen. Dann muss sich jemand gedacht haben, puh, ist es da still, und hat das Adjektiv gleich ans Substantiv ge-schweißt. Worauf sich ein anderer überlegt hat, ahh, das kann man noch viel leiser sagen. Was nehmen wir denn da? Jessas, streng, da muckt keiner mehr. Stimmt. Seither hat keiner mehr gemuckt und das strenge Stillschweigen wird in wortloser Demut hingenommen. Dabei ist es sogar eine inhaltliche Verdreifachung. Und was bedeutet streng in dem Fall überhaupt? Darf man vielleicht doch was sagen, wenn es nicht dasteht? Was andeuten? Die Hälfte ausplaudern?

Eigentlich ein Phänomen: Je mehr man versucht, eine Aussage mit Beifügungen zu verstärken, desto schwächer wird sie. Zum Beispiel: Sie ist fest entschlossen. Na, denkt man, die drehen wir noch um, die lässt sich überreden. Schreibt man aber: Sie ist entschlossen, ist daran nicht mehr zu rütteln.

»Kannst dich erinnern an die Schauspielerin?«

»Was?«

»Die fesche, weißt noch?«

»Ja. Und? Das ist jetzt irre wichtig.«

»Und wie das wichtig ist. Sie hat gesagt, wenn im Drehbuch als Regieanweisung fest entschlossen steht, ist das schwammig und sie von der Körpersprache wankelmütig. Steht entschlossen da, weiß sie, wie sie das spielen soll.«

»Ich wäre jetzt fest entschlossen weiterzutun.«

Das Wort fest in Verbindung mit einem Partizip ist sowieso ein Problem. Zum Beispiel wenn jemand eine Tür fest zumacht. Mit einer Tür kann man alles Mögliche: sie anlehnen, sanft ins Schloss drücken, einfach zumachen oder zuknallen. Schließt man sie, ist sie zu. Und fester wird's nicht.

Als Schreiber braucht man etwas Zeit, um sich von derartigen Permanent-Verknotungen des Sprachgebrauchs zu lösen und darauf zu verzichten. Der beliebte Entertainer ist auch so eine auf ewig verbundene Wortgemeinschaft. Jeder Kindergeburtstag ist heute schon eine hochkarätige Gesellschaft. Und ein gewinnendes Äußeres hat jeder Surm.

»Wo gewinnt der?«, frage ich mich immer.

»Beim Roulette, beim Black Jack, beim Baccara.«

Die arrogante Kinnpartie, der entschlossene Mund, die intelligenten Augen. Alles Beschreibungen, die kein Gesicht haben, weil sie auf hunderttausend Leute passen. Und außerdem nach den Handwerksregeln des Schreibens nicht korrekt und damit unzulässig sind. Ein Kinn kann nicht arrogant, ein Mund kann nicht entschlossen, Augen können nicht intelligent sein. Arrogant, entschlossen oder intelligent ist nur der Mensch, zu dem sie gehören. Hältst du diese Eigenschaften trotzdem für erwähnenswert, brauchst du entweder ein frischeres, originelleres, nur auf diesen Menschen passendes Adjektiv. Oder einen Nebensatz.

Lästig zu lesen sind auch Aufklärungen wie: »Das ist nicht auf meinem Mist gewachsen«, sagt er bescheiden. »Ich freue mich, dich zu sehen«, sagt sie strahlend. »Das meinst du nicht ernst«, sagt er ungläubig. »Du bist dumm«, sagt sie verächtlich. Die Adverben verraten nichts, was nicht schon in den Aussagen steht. Was anderes wäre es, wenn es hieße: »Du bist dumm«, sagte sie bewundernd. Da wird man neugierig.

Die grauenhafte Katastrophe kündigte sich mit grellen Blitzen und dunklem Donnergrollen an. Eine seltene Rarität in dieser gottverlassenen Einöde. Der gewaltige Sturm richtete in der ganzen Region schwere Verwüstungen an. Viele arme Tiere starben unter unvorstellbaren Qualen.

Die Katastrophe kündigte sich mit Blitz und Donner an. Eine Seltenheit in dieser Einöde. Der Sturm verwüstete die Region. Viele Tiere starben unter Qualen.

Also.
Schreibe ausdrucksvoll.
Schreibe nie ein Wort aus Verlegenheit.
Hüte dich vor Wörtern, die keine Zusatzinformationen bringen.

- Sie bringen nicht den gewünschten Effekt.
- Sie machen den Text nicht bunter.
- Sie schwächen die Aussage.

Auf die Art arbeitest du wie **Stephen King**:
Die Straße zur Hölle ist mit Adverbien gepflastert.

● Wenn du unsicher bist, ob eine Beifügung deinem Text nützt, lies dir den Satz laut vor. Man sieht oft nicht gleich, was überflüssig ist, aber man hört es.

● Lass die Finger von den Superlativen. Insbesondere von Übertreibungen wie das beste …, was du kaum beweisen kannst, oder das perfekteste …, das einzigste …, was einfach falsch ist. Und, ganz furchtbar: die bestangezogendsten … Es heißt die bestangezogenen … Auch etwas Neueres als das Neue gibt es nicht. Du kannst dir helfen, indem du es als das jüngste … beschreibst. Und etwas, das aus jedem Text herausoperiert gehört, ist: in keinster Weise. Es heißt in keiner Weise.

● Lass Worte wie absolut, extra, ultra, mega, hip, top aussterben. Sie werden vor allem in den Lifestylemagazinen so inflationär verwendet, dass der Leser sie nicht mehr wahrnimmt. Geschweige denn glaubt.

● Im Sprachgebrauch eingenistet und doch falsch ist: in den letzten Jahre, wenn noch weitere folgen. Es heißt in den vergangenen Jahren. Oder dramatisch als Synonym für tragisch. Ein Drama kann eine Tragödie wie eine Komödie sein. Und: das hundertjährige Jubiläum. Gratuliere, da ist das Jubiläum gerade hundert geworden.

● Auch eine Überlegung wert: laufend, zum Beispiel laufende Berichterstattung, was bedeutet, dass so eine arme Sau von Berichterstattung ununterbrochen rennen muss. Oder flüchtig, zum Beispiel jemanden flüchtig kennen, was bedeuten könnte, dass man sich in der U-Haft kennengelernt hat und gemeinsam ausgebrochen ist. Oder nicht umsonst, zum Beispiel jemand wartet umsonst an der Straßenecke, was bedeutet, dass es dafür sonst immer Geld gegeben hat.

- Überlege, bevor du Zeitworte zu Beifügungen degradierst. Etwa die schreiende Ungerechtigkeit: Brüllt da wirklich wer? Oder der sorgende Vater: Ist er nicht sympathischer, wenn er ein Vater ist, der sich sorgt?
- Malträtiere deine Sätze nicht mit langen Einschüben: Das vom Erzeuger hochgejubelte, vom Konsumentenschutz aber unter gefährlich eingestufte Produkt wurde vom Markt genommen. Zerschneide den Satz am besten mit der Brotmaschine.
- Pass auf bei Beifügungen, mit denen du wertest, was du nicht belegen kannst: Jemand, den du als geizigen Patron bezeichnest, solltest du schon dabei beobachtet haben, wie er sich überall einladen lässt oder nie Trinkgeld gibt.
- Eine hinterhältige Form von Pleonasmus ist die Abkürzung, bei der der letzte Buchstabe dann doch ausgeschrieben wird. Zum Beispiel HIV-Virus oder LCD-Display. Es heißt HI-Virus oder Liquid Cristal Display, kurz LCD. Und weil wir schon dabei sind: Was man mittlerweile fast immer mit DNA abkürzt, heißt auf Deutsch Desoxyribonukleinsäure und daher DNS. DNA ist die englische Abkürzung und das A steht für Acid.

Übung 1 Welche Pleonasmen fallen dir ein?

Übung 2 Streiche alle falschen und überflüssigen Beifügungen in dem Text »Das tragische Liebesdrama der singenden Madonna« am Beginn dieses Kapitels.

Drisch keine Phrasen

Ein Tischgespräch von einem Sprichwort in die nächste Redewendung

Sie: Der Gentleman genießt ohne Reue und schweigt in sieben Sprachen. Das ist päpstlicher als nicht von Pappe.

Er: Und du merkst die finstere Absicht und bist verstimmt über des Pudels hartes Körnchen?

Sie: Da will einer das blaue Wunder vom Himmel herunterlügen mit seinen kurzen Beinen, die vom Kopf bis zu den Zehen nicht Hand und Fuß haben, aber überall die langen Finger drin.

Er: Wie man's halt so um die eigene Achse dreht und am laufenden Fließband zum Bösen wendet. Aber Reden sind dreißig Silberlinge und Schweigen hat Gold, was glänzt in aller Munde.

Sie: Wann immer ein kleines Aas, das sich schon mit einem Bein im Grabe umdreht, zum Himmel auf Erden stinkt, nehmen die Geier in Saus und Braus die Beine unter die Armen im Geiste und reißen sich die Haxen aus, um die blinden Hendln über Kimme und Korn zu scheren. Alles Lug und so trügerisch.

Er: Wer mit der Kirche ums Kreuz des Herrn Schlitten fährt, ist auf halbem Holzweg schon am Ziel vorbeigeschossen. Und der Schrecken lässt erst nach, wenn er so in Reih und Glied sitzt, dass das Maß aller krummen Dinge wie warme Semmeln durch die Finger schaut und nie wieder im Leben vor den Toten aufsteht.

Sie: Warum so fern der Heimat nach dem Haar auf den Zähnen so einer armen Haut suchen? Die Ausschweifungen liegen doch so nah beieinander. Seid keusch und vermehret eures Nächsten Begehren gut. Das Ende fängt schon mit dem Nagel auf dem Kopf an, dem Fischer in den Kinderschuhen stecken zu bleiben.

Er: Du bist ungerecht, aber wahrhaftig nicht von gestern. Nur, wer von uns lebt schon wie ein Hund unter dem Brückenkopf, in dem die Abenteuer nie die wilde Sorte Marlboro rauchen? Und wer tut alles, was ihm nicht billig zu stehen kommt, für die Katz, die das Mausen nicht in die Falle gehen lässt? Du hast leicht Kirschen essen mit dem Garten Eden als Nachbars Spielwiese.

Sie: Mal keine Märchenonkel an die Wand, durch die ein Kamel nicht um die Burg den Graben schaufelt, in den der saure Apfel vom hohen Ross fällt. Die Hirten ziehen ihr dickes Fell über ein Ohr hinein und pfeifen aus dem letzten Loch heraus auf alle, die mit dem Wasser, bis der Hals starr ist, über den Bach den Jordan runtergehen.

Er: Sicher, sie kennen den Stab in ihrer weißen Westentasche nur zu gut, um ihn über ihren Schäfchen zu brechen, die auf dem Trockenen auf Godot warten.

Sie: Statt dem steten Tropfen auf den heißen Stein der weisen Vorsehung sollten sie ihnen bis zum Jüngsten Gericht nur reinen Wein hinter die Binde gießen. Immerhin ist der Pokal mit dem Aal glatt an ihnen vorüber zum Brunnen vor dem neuen Tore zur weiten Welt gegangen.

Er: Da sind sie selig und geben mir nix, dir nix. Außer den Scherben, die dem Glück den Boden unter den Füßen im Fass wegziehen.

Sie: Und die halten sie als bare Kehrseite der Münze jedem mit der langen Nase vors Gesicht, der den Feind zum Überlaufen bringt.

Er: Weh dem, der zuletzt im Boot mit langen Zähnen die schlafenden Hunde in den eingezogenen Schwanz beißt, bis ihm die Engelszunge aus dem vollen Hals heraushängt. Jeder ist sich selbst der Erstbeste, wenn er das letzte Hemd auf den Putz und den Stingel haut.

Sie: Wie man mit vier Fäusten im Nacken das Amen im Stoßgebet in den Wald schreit, so kommt alles Gute von oben nach Strich und an einem seidenen Damoklesschwert hängend zurück in die Zukunft.

Er: Der Wille ist ein starkes Stück Arbeit, aber der Pfahl im Fleisch hat bis über beide Ohren Dreck am Stecken. Oder wäschst du gern deine Schmutzwäsche an der Bassena der verlorenen Unschuld vom Land der unbegrenzten Möglichkeiten?

Sie: Niemand ist eine einsame Insel, auf der die Seligen eine Träne aus dem Knopfloch in den Ozean der Gefühle gegen den Wind über Bord spucken. Aber ich werfe mich auch nicht mit Stein und Bein aus dem Glashaus vor den abgefahrenen Zug der Gezeiten. Und ich denke nicht, Gott erhalt hinter mir die Sintflut, weil jede Arche nur so stark ist wie ihr schwächster Benjamin.

Er: Der Teufel holt den Gerechten im Schlaf auf den Boden der nackten Tatsachen, und des holden Knaben lockiges Wunderhorn macht den Brüdern im Geiste auf Freiersfüßen die großen Augen nass. Verbotene Liebe ist nur ein gelassenes Wort, mit dem die ewige Jugend schneller fertig ist, als der lange Arm des ungeschriebenen Gesetzes der Serie erlaubt.

Sie: Biblisches Alter, wie es den Kindern der Nacht auf den Tod nicht gefällt, ist selten das gelbe A & O vom Ei des Columbus. Und guter Rat ist kein Jota billiger für die Herrn der Schöpfung, die im Namen der Rose Rotz und viel stille Wasser über die Donau ins verlorene Paradies gießen, weil sich kein gemachter Mann ein X für ein Unding vormachen lässt.

Er: Der Pfarrer predigt auch nur, einmal ist keinmal werden alle Menschen arme Sünder, die auf der Alm den Ochsen einen guten Mann sein lassen.

Sie: Und zwar so jenseits von Wohl oder übler Nachrede, dass sogar der Spatz auf dem Dach der Taube den Marsch in den vollen Rohrkrepierer pfeift.

Er: Alle Menschen dienen den Brüdern des Herrn zum gleichen geselligen Zweck, der das Mittelmaß des Scheins vor dem Abend heiligspricht.

Sie: Und alle vereinen sich in trauter Einsamkeit mit Abrahams Schoßhund zu einem Rudel tollwütiger Maul- und Klauenhelden, die den Sieg auf den reifen Früchterln der Lorbeeren davontragen.

Er: Und die in allerletzter Ruhe vor dem Sturm auf die Bastille der Moral von der Geschicht nicht mehr wissen, warum Adam dem Riesen nicht das Einmaleins der Triebe auf den grünen Zweig hinter seinen Ohren faxen konnte.

Gemeinplätze in nicht konkreten Worten sind bloße Faulheit;
sie sind Geschwätz, nicht Kunst.

Ezra Pound

Was heißt eigentlich Phrasen und Floskeln?

Es war einmal ein schönes Bild. Der Elefant im Porzellanladen. Als er zum ersten Mal in einem Geschäft aufgetaucht ist, hat man ihn vor sich gesehen. Wie er mit dem Rüssel das Augarten-Service abräumt, sich umdreht und dabei das Meißner-Regal umschmeißt. Wie er verlegen von einem Fuß auf den anderen tritt und ein paar Gmundner-Teller zermalmt. Und sich dann mit dem dicken Hintern auf eine Ming-Vase setzt. So schön war das Bild, dass es jeder verwendet hat, wenn er einen ungeschickten Rüpel beschreiben wollte. Bis es nach und nach verblasste. Die Wiederholung hat die Optik getötet. Und der Elefant ist verschwunden.

Das ist das Schicksal der Phrasen. Sie werden als Gemälde geboren, fallen mit der Zeit aus dem Rahmen und enden im Keller der Mittelmäßigkeit.

»Na servas.«

»Gell?«

Phrasen haben etwas Vertrautes. Aber das ist auch schon das Einzige, was sie haben. Sie lösen kein Gefühl aus. Sie haben keinen Schmäh mehr. Sie klingen abgedroschen. Und man sieht nichts mehr vorm geistigen Auge.

Phrasen, Floskeln, Klischees, Modewörter, Gemeinplätze, Sprichwörter, Redewendungen und abgelutschte Formulierungen machen dich als Schreiber verwechselbar. Weil viele andere Schreiber, denen gerade nichts Besseres einfällt, sie auch benutzen. Und oft noch falsch. Zum Beispiel wenn wieder irgendwo ein Quantensprung gelungen ist. Eigentlich wollte der Schreiber damit sagen, dass da was unglaublich Großes passiert ist. Dabei gibt es kaum etwas Winzigeres. Der Vergleich stammt aus dem Bohr'schen Atommodell. Und er ist auch keine Metapher für etwas Außergewöhnliches. Für die Atome des Universums ist der Quantensprung etwas ganz Normales.

Oder die Gretchenfrage. Goethe hat das Gretchen den Heinrich im »Faust« konkret nach der Religion fragen lassen. Heute ist es schon eine Gretchenfrage, ob man in der Früh eine lange oder eine kurze Hose anzieht. Schnell beruft man sich auch auf des Pudels Kern und beim leisesten Zweifel wohnen einem zwei Seelen in der

Brust. Aber ach. Die große Literatur ist eine Fundgrube für eine Unzahl von Phrasen.

So wie die Geschichte. Rosenkriege führten ursprünglich nur die Adelshäuser York und Lancaster um die englische Thronfolge. Heute reden alle, die sich unschön scheiden lassen, vom Rosenkrieg. Und der Ausdruck seines Zeichens stand früher für die Zugehörigkeit eines Handwerkers zu einer Zunft. Heute ist jemand seines Zeichens auch schon Marketing-Assistent.

Die Herkunft ist vergessen, die Phrase geblieben. Manche Redewendungen haben sich wenigstens im Sinn kaum verändert. Mit allen Wassern gewaschen war jemand, der im Mittelalter alle Weltmeere befahren hat. Heute ist das einer, dem man nichts vormachen kann. Wer etwas im Schilde führt, bedient sich bei den alten Römern, wenn auch nicht mehr aus dem Waffenlager. Abgedroschen sind Redewendungen trotzdem.

Außer, man wandelt sie ab. Dann erhält man das Vertraute, was dem Leser ein angenehmes Gefühl gibt, und hat doch was Neues erfunden.

Das schlechte Beispiel
Warum in die Ferne schweifen, wenn das Gute liegt so nah.
Das gute Beispiel
Warum in die Ferne schweifen, wenn die Gute liegt so nah.

Also.
Schreibe wie kein anderer.
Schreibe in eigenen Worten.
Amüsiere den Leser.

- Phrasen sind hohl, eigene Worte sind frisch und originell.
- Phrasen sind das Erste, was dir einfällt, also werden sie auch anderen einfallen.
- Phrasen werden überlesen.
- Phrasen bergen keine Überraschungen.
- Vergib dir nicht die Chance auf deinen eigenen Stil.

Auf die Art arbeitest du wie **Arthur Schopenhauer:**
Wer für alle Zeiten schreiben will, sei kurz, bündig, aufs Wesentliche beschränkt; er sei bis zur Kargheit bei jeder Phrase und jedem Wort bedacht, ob es nicht auch zu entbehren sei.

TIPPS AUS DER PRAXIS

- Achte beim Abwandeln von Phrasen darauf, dass der Leser das ursprüngliche Bild noch im Kopf hat. Zu weit entfernte Assoziationen zerstören den Effekt.
- Es gibt viele Techniken, Phrasen abzuwandeln. Manchmal reicht, nur einen Buchstaben zu ändern. Manchmal nimmt man ein anderes Wort, das ähnlich klingt oder sich reimt.
- Abgewandelte Phrasen eignen sich besonders gut für Titel.
- Verzichte auf Abwandlungen, wenn du komplizierte Inhalte formulieren willst. Dann verschlüsselst du dem Leser den Inhalt, und die Phrase versteht er auch nicht mehr.
- Phrasen in ihrer bekannten Form sind kein Verbrechen an der Menschheit. Bevor dir gar nichts anderes einfällt oder du Gefahr läufst, in eine zu formelle Sprache abzudriften, seis drum.

Übung 1 Welche Phrasen fallen dir sonst noch ein?

Übung 2 Wandle diese Phrasen ab:
Lügen haben kurze Beine; den Schein wahren; für bare Münze nehmen; ein dickes Fell haben; nicht gut Kirschen essen; den Gürtel enger schnallen; und sie sündigten in einem fort; das Blaue vom Himmel herunterlügen; der Apfel fällt nicht weit vom Stamm; den Tag nicht vor dem Abend loben; rette sich, wer kann; weh dem, der lügt; Feste feiern, wie sie fallen; Zucht und Ordnung; das Maß aller Dinge; den Teufel an die Wand malen; aufs Glatteis führen; die Faust im Nacken.

Lass das Detail fürs Ganze sprechen

Rede eines Fußballtrainers

SO NICHT

Burschen, horchts her, ihr müsst dem Spiel im offensiven Bereich mehr Impulse verleihen. Das heißt konkret: Wir müssen gezielte Maßnahmen setzen und mit einer Qualität angreifen, vor allem, wenn die uns mit so was wie Strategien kommen. Und dazwischen immer Akzente setzen, ganz wichtig, Akzente. Wenn ihr das berücksichtigt, kann uns nix mehr passieren. Wir müssen in allen Segmenten dynamische Abgrenzungen finden, was natürlich gewisse Vorkehrungen braucht. Damit mich richtig verstehts: Wovon reden wir hier? Stabilisieren, kontrollieren, moderner Fußball halt. Wir müssen uns Ziele setzen, sie anvisieren und dabei auch das Kontrafaktische in Einklang bringen. Also Fakten schaffen. Perspektiven verstehen. Parameter ausloten. Ich sag euch das nur einmal, so schwer ist es ja nicht. Was ich dazu tun kann, ist: Definitionen festlegen und in anderen Kategorien denken. Ich finde neue Zugänge, ihr gehts auf die Veränderungen ein. Ich lege die Richtung fest, ihr checkts die Faktoren ab, immer und überall. Ich stelle Synergien her, ihr kümmerts euch um die Aspekte. Natürlich mit einer aktiven Selbstanalyse, das ist eh klar. So, Burschen, jetzt raus aufs Feld, mit unserer Taktik können wir nur gewinnen.

Willst du dich am Ganzen erquicken,
so musst du das Ganze im Kleinsten erblicken.

Johann Wolfgang von Goethe

Was heißt überhaupt, lass das Detail fürs Ganze sprechen?

Ein Teil des Ganzen sagt mehr als das Ganze ohne Details. Überbegriffe lassen dem Leser zu viel Spielraum zur Interpretation: unnötige Wahlmöglichkeiten, lästige Denkaufgaben, falsche Richtungen. Wirft man dem Leser ein Wort wie Kommunikation hin, darf er raten, was gemeint ist. Ein Gespräch, eine Rede, ein Telefonat, ein Streit, ein Schreiduell oder Liebesgeflüster.

Dein Text sollte keine Fragen offenlassen. Kommt ein Fahrzeug auf jemanden zu, kann das viel heißen. Herzig, ein Kind auf dem Dreiradler. Urig, ein Bauer auf seinem Traktor. Da schau her, eine Blondine im offenen BMW. Wusch, eine Harley. Oy, ein Bus.

Werden gezielte Überlegungen angestellt, um ein Unternehmen vor dem Ruin zu retten, weiß der Leser nicht, welche. Gezielte Überlegungen bedeuten alles oder gar nichts. Werden Mitarbeiter gekündigt? Werden Standorte geschlossen? Wird eine Finanzspritze erwartet? Wird der Generaldirektor geschasst? Jede Aufzählung ist verständlicher und informativer als ein Sammelbegriff.

Allerdings kann man das auch übertreiben und sich in Details verlieren. Erwähnt man jedes Äh und Ähem in einem Gespräch, wird dem Leser fad. Beschreibt man den Bus von der Erstzulassung bis zur Fahrgestellnummer, wird der Leser unruhig. Erklärt man die Feinheiten der Finanzspritze, mit der die Firma saniert werden soll, vom Kleingedruckten in den Verträgen bis zu den Stationen einer Onlineüberweisung, wird der Leser fuchtig.

Die Kunst ist, die richtigen Details herauszupicken. Nämlich solche, die deinem Text Leben einhauchen. Die Ereignisse so schildern, als wäre der Leser mittendrin. Ihm die Menschen derart nahebringen, dass er glaubt, sie lange zu kennen. Über den siebenjährigen Internatsschüler Winston Churchill kann man schreiben: Er war ein schwieriger Schüler. Im »Stern« stand einmal: Churchill war renitent, wurde geschlagen, verweigerte das Lernen, wurde mehr geschlagen, begann zu stottern und zertrat den Strohhut des Direktors.

Dieses eine Detail sagt alles. Der Strohhut des Direktors erklärt den ganzen kleinen Churchill. Man sieht ihn vor sich. Man fühlt mit ihm mit. Das ist der Trick. Ein Detail so zu wählen, dass es stark genug ist, um aufs Ganze schließen zu lassen.

Meine Mutter verrichtete die kleinsten Tätigkeiten mit Liebe.
Meine Mutter konnte einen Apfel so schälen, dass die Schale nie abriss.

Also.
Geh ins Detail.
Verliebe dich in Winzigkeiten.
Mache Kleinigkeiten zu etwas Großartigem.

- Einzelheiten sagen mehr als tausend Worte.
- Details machen deine Inhalte sichtbar.
- Über- und Sammelbegriffe sind ungenau.
- Details sind wie eine Lupe für den Leser.

Auf die Art arbeitest du wie **Theodor Fontane**:
Der Zauber steckt immer im Detail.

TIPPS AUS DER PRAXIS

● Wähle immer die kleinste Einheit: Wenn du tröpfeln sagen willst, sag nicht nieseln, wenn du nieseln sagen willst, sag nicht regnen, wenn du regnen sagen willst, sag nicht Wolkenbruch.
● Auch etwas wegzulassen kann ein Pars pro Toto sein, also ein Teil, der fürs Ganze spricht. Es funktioniert wie im Film. Ein Auto fährt, man sieht ein Kind drinnen, man hört Reifen quietschen, einen Aufprall – und Schnitt. Neues Bild: Neben dem Wrack liegt eine Puppe auf dem Asphalt. Man weiß, dem Kind ist was passiert. Die Puppe ist das Pars pro Toto.

Übung Schreibe über eine Chaotin. Arbeite mit Pars pro Toto: Zeige ihren Kampf mit der Ordnung anhand vieler Beispiele.

Willkommen in der Schreibblockade

DER AUFBAU
EINER GESCHICHTE

Der Schriftsteller ist ein Mann, dem das Schreiben schwerfällt.
Thomas Mann

Am Anfang ist die Verzweiflung. Tief drinnen sitzt sie und knabbert. An deinem logischen Denkvermögen, an deinem Willen, an deinem Selbstvertrauen. Nur an dem Berg von Informationen, die du zu deinem Thema hast, knabbert sie nicht. Der wird immer größer.

Dabei grübelst du jeden Tag. Über erste Sätze, über den roten Faden, über das, was du sagen musst, über das, was du weglassen könntest. Jessas, das habe ich ganz vergessen … Wen interessiert das überhaupt … Nein, so geht das nicht.

So geht's auch nicht. In keiner anderen Kunst ist es so wichtig, an andere zu denken. An die Leser. Ein Maler sagt, wenn die Banausen da draußen mein Bild nicht verstehen, sind sie selber schuld. Ein Komponist sagt, wenn die Derrischen nicht heraushören, was ich da hineingelegt habe, sollen sie sich das Trommelfell über die Ohren ziehen. Ein Bildhauer sagt, wenn die Ignoranten nicht begreifen, was ich aus diesem Stein gemacht habe, soll sie der Meißel treffen. Einem Schreiber steht diese Exzentrik nicht zu. Er braucht die Leser. Und er muss so schreiben, dass sie ihm folgen können.

»Super, alles gesagt, nächstes Kapitel, ich hab einen Hunger.«
»Jetzt nicht. Denk nach, warum eine Geschichte gelesen wird.«
»Ich denk an scharfe Spaghetti.«
»Und dass der erste Satz der wichtigste ist.«
»Wichtig sind jetzt scharfe Spaghetti.«
»Wir müssen den Programmabsatz erklären und den roten Faden.«
»Mit Pepperoncini.«
»Und dann braucht man immer einen guten Schluss.«
»Genau. Ich ruf jetzt beim Italiener an.«

Warum wird eine Geschichte gelesen?

Hans im Unglück

SO NICHT Niemanden interessiert, was Hans zu sagen hat. Und das ist auch verständlich. Denn er hat nichts zu sagen. Und hätte er etwas zu sagen, würde er nicht glauben, dass es irgendwen interessieren könnte. Hans ist selber uninteressiert. An allem. Die gehaltvollste Geschichte, die er je erzählt hat, war: In Graz, oder wo, hat ein Mann, oder wer, eine Frau, oder wen, geschlagen, oder was.

Gedanken sind nicht stets parat.
Man schreibt auch, wenn man keine hat.
Wilhelm Busch

Was heißt überhaupt, warum wird eine Geschichte gelesen?
Ein Leser hat vier gute Gründe, einen Text zu lesen. Weil ihn das Thema interessiert. Weil es ihn berührt, beängstigt, belustigt, begeistert, also Gefühle in ihm auslöst. Weil es ihm Informationen bringt. Und weil der Text gut geschrieben ist. Mindestens einer dieser Gründe muss zutreffen, damit du gelesen wirst.

Im besten Fall hast du eine starke Geschichte, eine spannende Handlung, einen witzigen Plot, etwas, das den Leser aufwühlt und bei dem er noch was erfährt. Dann brauchst du keine sprachlichen Kunstgriffe. Die Story erzählt sich von selbst, und ein verspielter Stil würde sie nur erschlagen. Nur: Was ist die Story und wer sind deine Leser?

Um dein Thema in den Griff zu kriegen, musst du wissen, für wen deine Geschichte bestimmt ist und um welche Textform es sich handelt. Für ein Satiremagazin wirst du anders schreiben als für ein Massenblatt. Einen Blog wirst du anders anlegen als eine Reportage. Ein Sachbuch wirst du anders aufbauen als einen Roman. Nur: Was ist dein Ansatz?

Um den Leser in den Griff zu kriegen, musst du dein Thema von der richtigen Seite anpacken und interessant präsentieren. Du brauchst einen Aufhänger. Einen Anreiz. Du brauchst die Idee zur Story.

Thema Armut.

Das schlechte Beispiel

Du schreibst, immer mehr Menschen leben bei uns unter der Armutsgrenze.

Das gute Beispiel

Du beschreibst den Alltag einer vierköpfigen Familie, die unter der Armutsgrenze lebt. Der Vater starb bei einem Unfall, die Mutter steht mit drei Buben allein da und kann ihnen nicht einmal ihren größten Wunsch erfüllen: eine Pizza zum Geburtstag.

> **Also.**
> Erkenne deine Zielgruppe.
> Grenze dein Thema ein.
> Wähle deinen Ansatz.

- Gib dem Leser Gesprächsstoff, damit er mitreden kann.
- Gib dem Leser etwas, womit er am Stammtisch auftrumpfen kann.
- Errege Angst, Freude, Mitgefühl, Zorn oder Lachen.
- Vertraue auch auf die niederen Instinkte. Nichts liest man so gern wie etwas, das Schadenfreude auslöst.
- Menschen sind Voyeure. Lass sie durch Schlüssellöcher schauen.
- Serviere dem Leser Service.
- Biete dem Leser Lebenshilfe.
- Und vergiss nicht: Sex sells.

Auf die Art arbeitest du wie **William Somerset Maugham**:
Kein Lesen ist der Mühe wert, wenn es nicht unterhält.

- Eine Geschichte, die über Menschen transportiert wird, ist immer interessanter als eine Geschichte, die nur aus Fakten besteht.
- Orientiere dich an deinem eigenen Leseverhalten. An welchen Geschichten bleibst du hängen, an welchen nicht.
- Check deine Themen und Ansätze im Freundeskreis ab. Löchert man dich mit Fragen oder wird gleich gegähnt.
- Vorsicht mit dem Ich. Sich als Autor in den Vordergrund zu drängen und dem Leser Meinungen aufzuzwingen, die nichts zur Geschichte beitragen, ist lästig, arrogant oder peinlich. Und eher ein Grund, dass ein Text nicht gelesen wird.

Übung 1 Welche Art Geschichte willst du schreiben? Dazu musst du die Textsorten kennen. Was ist …

… ein Ein- oder Mehrspalter oder eine Kurzmeldung? … eine Reportage? … ein Erlebnisbericht? … ein Feature? … ein Report, Bericht oder Dossier? … ein Porträt? … eine Sammelgeschichte? … ein Interview? … eine Glosse, eine Kolumne oder ein Kommentar? … eine Satire? … ein Editorial? … eine Promotion? … eine Kurzgeschichte? … ein Essay? … ein Roman? … ein Sachbuch? … ein Fachbuch? … ein Exposé? … ein Treatment? … ein Drehbuch?

Übung 2 Schreibe eine Geschichte zum Thema: die Kraft der Sonne. Sie soll amüsant zu lesen sein und dennoch informativ. Überlege dir einen ungewöhnlichen Ansatz.

Was muss der erste Satz können?

Verirrt im Gedankengang

Es war vor einem Jahr, als mich der Chefredakteur fragte, ob ich mir nicht Gedanken über eine Reportage im Rotlichtmilieu machen könnte, und ich zuerst grübelte, wie kommt er jetzt auf das, wo wir doch eine Schülerzeitung machen, und dann weiter überlegte und keine Antwort fand, bis ich gestern darüber sinnierte, dass es gescheiter wäre, ein Interview mit dem Klassensprecher zu machen oder irgendwas über Jausenbrote.

*Die meisten Denker schreiben schlecht, weil sie uns nicht
nur ihre Gedanken, sondern auch das Denken der Gedanken mitteilen.*

Friedrich Nietzsche

Was heißt überhaupt, was muss der erste Satz können?

Der erste Satz ist das Lasso, mit dem du den Leser einfängst. Du musst ihn beim ersten Versuch erwischen, die Schlinge sofort zuziehen und zu dir herholen.

Dabei ist fast alles erlaubt. Der Gedanke kann skurril, spannend, witzig, bewegend, verstörend, tragisch, verblüffend, schicksalsträchtig, provokant oder sonst was sein. Und dann muss der erste Satz sitzen.

Es gibt ein paar Methoden, die immer funktionieren und an denen du dich orientieren kannst, wenn dir gerade nichts einfällt. Zum Beispiel:

Das Jetzt und Hier

Du ziehst den Leser im Telegrammstil an den Ort des Geschehens. Justin Timberlake in Wien, Stadthalle, 19. 30 Uhr, noch sieht alles nach einem normalen Konzert aus.

Der Sager
Du wählst ein Zitat, das Lust aufs Weiterlesen macht.
»Sie sind auch so eine Dirne«, sagte der Mann und kam nicht auf die Idee, dass sie das Urteil etwas harsch finden könnte.

Der Dialog
Du arbeitest mit Line und Punch-Line.
»Ich trinke nicht«, sagte er und schob dem Russen den Wodka wieder hin. »Erster Fehler«, sagte der Pate.

Die Chronologie
Du startest die Story an ihrem Beginn und machst Spannung mit einem Vorgriff auf die Ereignisse.
Wenn er an diesem Tag nicht aufgestanden wäre, hätte sein Leben einen anderen Lauf genommen.

Der Eisbrecher
Du beginnst mit der stärksten Aussage, die die Story zu bieten hat.
Der Axtmörder wohnte eine Treppe tiefer.

Die lapidare Mitteilung
Du gibst dem Leser etwas, womit er sich identifizieren kann.
Es war wirklich nicht ihr Tag.

Der szenische Einstieg
Du beschreibst, was du gesehen hast, und holst damit den Leser mitten in die Geschichte.
Der Saal ist so verraucht, dass man den Mann am Sessel daneben für eine Frau halten könnte.

Die Beschreibung einer Person
Du zeigst Äußerlichkeiten, die auch etwas über den Charakter aussagen.
Sein Lächeln ist bereits durch die Tür, wenn er noch gar nicht richtig im Lokal ist.

Die Beschreibung eines Charakters
Georg ist eine hoffnungsfrohe Natur, wobei die Betonung klar auf der Hoffnung liegt, denn froh ist er selten.

Der Teaser
Wäre er nicht mit 23 schon ein Mörder gewesen, wer weiß, was aus ihm geworden wäre.

> **Also.**
> Zermartere dir den Kopf über den ersten Satz.
> Gib dich nicht mit einem Kompromiss zufrieden.
> Schnapp dir den Leser.

- Der erste Satz ist der wichtigste.
- Der erste Satz muss in deinen Augen perfekt sein, dann ist er es vielleicht auch für den Leser.
- Nütze die erste Chance, den Leser für dich zu gewinnen.

Auf die Art arbeitest du wie **William Faulkner:**
Schreib den ersten Satz so, dass der Leser unbedingt auch den zweiten lesen will.

- Der erste Satz sollte nicht zu lang sein.
- Wenn dir kein erster Satz einfällt, gib nicht auf. Und lass dich auf keinen Fall darauf ein, ihn später einzufügen. Es wird ihm nicht recht sein und er wird immer wie ein Fremdkörper dastehen.
- Fang nie mit etwas Vergangenem an. Schon gar nicht mit den Worten: vor einer Woche, vor zwei Monaten, vor drei Jahren ... Das macht eine Geschichte automatisch alt.
- Leg dich nicht mit Anekdoten an. Sie sind kaum mit einem Satz zu erzählen und lassen sich meistens besser erzählen als niederschreiben.
- Komm nicht auf die Idee, mit so was anzufangen wie: Stell dir vor ... Oder noch schlimmer: Was haben ... gemeinsam? Das ist längst kein erster Satz mehr, den haben schon genug andere vor dir verwendet.
- Fragen am Anfang sind grundsätzlich ekelhaft.
- Packe nicht zu viele Detailinformationen in den ersten Satz.
- Lass dich nicht zu Belehrungen hinreißen.
- Fallen dir mehrere gute erste Sätze ein, such dir den besten aus und heb dir die anderen auf. Du wirst sie sicher brauchen.
- Verwende einen ersten Satz nie zweimal im Leben.

Übung Würdest du nach folgenden ersten Sätzen gern weiterlesen? Was ist gut an ihnen und was nicht?

Sie sah aus wie auf einer dieser kitschigen, kolorierten Ansichtskarten, über deren Käufer ich mich immer wundere, weil sie so ungeniert ohne Strumpfmaske agieren.

Als Klaus Maria Brandauer vor drei Jahren mit ihr Stefan Zweigs »Brennendes Geheimnis« teilte, begann Faye Dunaway, nicht mehr sie selbst zu sein.

Vor genau einem Jahrhundert wurde Paul Hörbiger am 29. April in Budapest geboren.

Er ist fünf Zentimeter kleiner als sie, und doch war es nicht leicht, aus seinem Schatten herauszutreten.

Es ist eine interessante Gegend für Selbstmörder, mitten im Kölner Industrieviertel Ossendorf, umgeben vom Charme einer enormen Open-Air-Aufbahrungshalle aber ist pralles Leben zu Hause: VIVA, das deutsche Gegenstück zu MTV.

»Ich bin ja ein Sautrottel«, sagt der Gustl und nimmt einen Schluck.

Wir sind nicht einmal eine Familie, wir sind nur viele: Wir passen in drei Autos, auf zweieinhalb Kinoreihen oder in einen Lastenaufzug, auf der Straße gehen wir hintereinander, und mit drei Grünphasen schaffen wir jeden Zebrastreifen.

Es gibt Stadtkinder, die ohne Weiteres eine Kuh von einem Meerschweinchen unterscheiden können.

Augen wie Messer.

Der Schalldämpfer liegt in der Schublade.

Grün, das weiß man, ist die Hoffnung.

Er hat Leute erstochen, erschossen, erwürgt und vergiftet.

Die Menschen aus Tonga essen gerne viel und vor allem sehr fett.

Die Frau kommt schon auf merkwürdige Gedanken und sie sind selten jugendfrei.

Ho-ho-ho wird er sagen, wenn das Christkind ihm am Heiligen Abend als Klosterfrau erscheint, blond und ziemlich scheinheilig.

Plötzlich bist du mitten im Geschehen.

Die Drogen haben sie fertiggemacht.

Eisblumen am Fenster, die Scheiben sind angeschlagen.

Es ist ein bisschen peinlich, aber der Baumeister redet gern über Brüste.

Er kommt nicht, er erscheint.

Normalerweise sieht man sie nicht.

Er hat sich ganz einfach die Pulsadern aufgeschnitten, mein Gott, überall Flecken auf dem eisbärweißen Designerteppich, und was tut

er jetzt, sieben Monate später, nachdem die Wunden verheilt sind?
Er trinkt Tee.
Au revoir, sagte er, auf Wiedersehen.
Es ging Schlag auf Schlag.
Es begann mit einer Radlerhose.
Tränen kullerten über das Rouge gepuderter Wangen, Herzklopfen in den vorderen Reihen, man schluchzte in Zeitlupe vor Glückseligkeit, dort und da wurden Stoßgebete formuliert, so leise, dass nur gute Lippenleser es sahen, lobet den Herrn, halleluja, und ja, die ganze Szenerie hatte das Layout eines Heimatfilms, abgedreht in rührseligem Polychrom, als hätte man das Leben in Butterschmalz getaucht und als Brettljause serviert.
Am Morgen schleicht sich das Grauen an.
Endlich ist alles vorbei.
Rosa muss es sein, alles rosa.
Der weiße Rolls-Royce parkte direkt vor dem Eingang, im Halteverbot.
Bill steht auf dem Dach eines Parkhauses und starrt in die Tiefe.
Er sieht aus, als käme er per Anhalter direkt aus der Hölle.
Die Sache stinkt zum Himmel.
Der Mann im weißen Kittel kennt sich gut mit Rotweinen aus.
Manchmal begann sein Eiskasten zu sprechen.
Sie war bis zur Unkenntlichkeit vermummt, fuhr im Schutz der Nacht Schleichwege bis zum Airport, stieg aus, gebückt, checkte ein, ganz leise, und flog dann um die halbe Welt, um ein Gefühl für Distanz zu bekommen.
Offensichtlich können manche Leute Gefühle umlegen wie einen Kippschalter.
Schummriges Rot.
Ein Moment, der lähmt.
Sie können so dünn sein, dass Designerkleider wie Lumpen an ihnen herunterhängen.
Schuld ist nur die Etikette.
Die Realität kippt.
Es muss etwas in diesem grünen Tee sein.
»Sie sind so knöchrig an den Schultern.«

Die Sünde war immer erlaubt.

Wahre Brutalität.

Es darf nicht jeder hinein.

Ehrgeiz ist der große Bruder der Verbissenheit.

Geisteskranke rufen bei ihr an.

In Sakkos hängt er immer noch ziemlich verloren drin.

»Was? Sie wollen Schauspielerin werden? Sie haben doch einen Blähhals.«

Hundertfünfundreißig Millionen Jahre lang war die Welt ganz in Ordnung.

Könnte man einen Blick in sich hineinwerfen, sähe man verbrannte Erde.

Wenn neben Ihnen eine Luke aufgeht, zwischen Ihnen und dem Boden nichts als viertausendfünfhundert Meter Luft sind und jede Faser Ihres Körpers schreit: Sollte jemals neben dir eine Luke aufgehen und zwischen dir und dem Boden nichts als viertausendfünfhundert Meter Luft sein, dann spring auf gar keinen Fall da runter, dann ist alles in bester Ordnung mit Ihnen.

Vor sieben Wochen dachte er darüber nach.

»Man kann nicht nicht kommunizieren«, stellte der Kommunikationswissenschaftler Paul Watzlawick 1969 fest und war mit einem Satz berühmt.

Leise rieselt der Staub auf die Steuererklärung vom Vorjahr.

Man steht in der Boutique und denkt.

Wie ist eine Geschichte aufgebaut?

Ein Unfallbericht

 Am Dienstag, den 18. Mai um 11.36 Uhr fuhr ein viertüriger PKW, Jahrgang 1996, mit einer Geschwindigkeit von über 84 km/h durch eine verkehrsberuhigte Zone.

Dieser Unfall demonstriert die tödliche Kombination von Alkoholmissbrauch und mangelhafter Fahrzeugüberwachung. Dies ist ein Problem, mit dem sich der Gesetzgeber endlich auseinandersetzen muss. Wieder einmal gelang es, mittels unwiderlegbarer Untersuchungsergebnisse, den über alle Zweifel erhabenen Beweis zu führen, dass der Lenker betrunken war.

Die tränenüberströmte Mutter ging schreiend auf den Täter los, während die Polizei die aufgebrachte Menge von der schrecklichen Szene am Schultor wegzudrängen versuchte.

> *Ich habe Journalisten nie gemocht.*
> *Ich habe sie alle in meinen Büchern sterben lassen.*
>
> Agatha Christie

Was heißt überhaupt, wie ist eine Geschichte aufgebaut?
Für den Aufbau eines Textes gibt es eine Faustregel: Du musst den Leser an der Hand nehmen und ihn so durch deine Geschichte führen, dass er sich immer und überall auskennt.

Dazu machst du am besten eine Gliederung. Du kannst dich dabei an einem Schema orientieren. Deine Geschichte braucht vier Elemente: einen Einstieg, eine Art Programmabsatz, einen roten Faden und einen erkennbaren Schluss. Der Einstieg macht Gusto auf die Geschichte. Der Programmabsatz erklärt die Geschichte. Der rote Faden führt durch die Geschichte. Und der Schluss beendet die Geschichte. Die Elemente im Detail:

Der Einstieg Die ersten paar Zeilen entscheiden darüber, ob in deinen Text hineingelesen wird oder nicht. Der erste Satz ist der Beginn des Einstieges, aber meistens ist der Gedanke damit noch nicht abgeschlossen. Dafür brauchst du möglicherweise einen Absatz, mitunter auch zwei oder drei. Die Länge des Einstiegs richtet sich nach der Länge der Geschichte. Er sollte nicht mehr als ein Fünftel des Gesamttextes ausmachen.

Der Programmabsatz Der Programmabsatz entscheidet darüber, ob dein Thema interessant genug ist, um gelesen zu werden. Dazu brauchst du die sechs W des Journalismus: Wer? Was? Wann? Wo? Wie? Warum? Im Programmabsatz wird die Geschichte in komprimierter Form erklärt. So wie ein Filmplot, der sich im besten Fall auch mit drei Sätzen erzählen lassen soll. Du sagst dem Leser also geradeheraus, was er zu erwarten hat. Oft reicht dafür ein Absatz.

Der rote Faden Der rote Faden entscheidet darüber, ob dein Text zu Ende gelesen wird. Ist er versponnen, wird der Leser aussteigen. Wird er zu dünn, reißt dem Leser die Geduld. Wird dauernd an den falschen Stellen angeknüpft, gibt der Leser auf. Der rote Faden führt logisch durch den Hauptteil einer Geschichte, wie lang auch immer sie ist.

Der Schluss Der Schluss entscheidet darüber, ob dein Text eine runde Sache geworden ist. Hat der Leser das Gefühl, er müsste noch weiterblättern, ist was schiefgegangen. Manchmal genügt ein Satz und aus.

Beispiel

Das Pechvogel-Syndrom. Ein Unglück kommt selten allein. Sein liebster Begleiter ist ein Mensch, an dem das Pech zum Superkleber wird. Der Reisejournalist R. E. Porter, 38, muss immer sagen, wann er auf Urlaub fährt. Und wohin. Nicht seiner profunden Fachkenntnis wegen. Sondern damit seine Kollegen das anvisierte Land rechtzeitig meiden können. »Meine Destinationen verheißen Unheil«, sagt er mit einem ramponierten Jerry-Lewis-Lächeln. Und meint damit so kleine Unpässlichkeiten wie Naturkatastrophen, Notlandungen, Raubüberfälle, Massenkarambolagen, Schießereien, Gefängnisaufenthalte und Unfälle.

Porter ist der Unglücksrabe schlechthin. Einer, den das Leben von der

Wiege an auf der Schaufel hat. Dem es immer wieder gelingt, den Pechvogel abzuschießen. Und der daher bloß eine Form der menschlichen Anteilnahme kennengelernt hat, die Schadenfreude.

Ob ihn in Australien statt Blondinen giftige Tausendfüßler in den Hals beißen. Ob ihm am Arlberg ein Liftbügel gleich zweimal hintereinander eine Gehirnerschütterung einbringt. Oder ob ihn in Hongkong die Fremdenpolizei mit einem heroindealenden Matrosen verwechselt. Er nimmt's mit der Art Humor, mit der man trotzdem lacht. Und glaubt: Es kann nicht schlimmer werden.

Sein Karma weiß es jedes Mal besser. Und deshalb ist der Globetrotter mit dem gezielten Schritt ins Unglück für die Wissenschaft ein echter Glücksfall. Ein schillerndes Prachtexemplar eines Pechvogels. Von denen ganze Rudel die Sprechzimmer der Psychotherapeuten bevölkern. Und sie immer wieder davon überzeugen, dass es Menschen gibt, die mehr Unglück als Verstand haben.

Drei elementare Gefühle sind es, die ganz normale Wahnsinnige zu tollpatschigen Bladerunners machen. Erstens: die Unsicherheit. Samt dem Phänomen namens Self-Fullfilling Prophecy, das ihn zu einer Art Hellseher macht. Zweitens: die Angst als Garant fürs Versagen. Drittens: der blanke Lustgewinn. Pech wird zum Lebensstil, zum persönlichen Markenzeichen, und die gesellschaftliche Anerkennung führt zum Endorphinkick, wenn auch zu einem schmerzhaften.

R. E. Porter, Herr aller Hoppalas, ist überzeugter Vertreter der Kategorie drei. Geradezu diebisch seine Freude, wenn er vom täglichen Fauxpas berichtet. Ob selbst verschuldet oder nicht, spielt keine Rolle in einem patscherten Leben. Da war diese Nasenoperation, ein an sich harmloser Eingriff. Noch leicht benebelt von der Anästhesie wachte er im Krankenbett auf und sah sich einer Schar von Ärzten gegenüber, alle mit einer Miene, als stünden sie an seinem offenen Grab. »Herr Porter, es tut uns ja furchtbar leid ...«, sagte der Chefchirurg. »Wegen der Nase?«, fragte der Patient. »Nein, nein. Der Oberschenkel. Er ist ein bisserl verkohlt. Wir hatten beim EKG Probleme mit den Elektroden. Und mit dem Strom.« Für den österreichischen Mister Bean nicht weiter ein Thema. Was sind ein paar Brandblasen, wenn man schon die eigene Kindheit überlebt hat.

Oder die Radtour in die Wachau, mit anschließendem Relaxen am Pool. Alle köpfelten lässig ins Wasser. Nur einer nicht: »Ich bin beim Absprung vom Trampolin auf eine Wespe gestiegen.« Was nach dem Katapultstart zu einem Problem bei der Landung führte: »Ich hab das Wasser um einen halben Meter verfehlt.«

Also.
Gib deinem Text eine Struktur.
Dimensioniere deine Geschichte.
Fessle den Leser von der ersten bis zur letzten Zeile.

- Mit dem Einstieg köderst du den Leser.
- Mit dem Programmabsatz sagst du ihm, was Sache ist.
- Mit dem roten Faden weist du ihm den Weg durch deine Geschichte.
- Mit dem Schluss verabschiedest du dich von ihm.

Auf die Art arbeitest du wie **Christine Angot**:
Schreiben heißt nicht, sich seine Geschichte auszusuchen. Sondern sie zu nehmen, in die Arme zu schließen und sie ganz ruhig auf die Seite zu bringen, so ruhig wie eben möglich, so genau wie möglich.

● Schon bei der Gliederung kannst du dich in den Leser versetzen. Drei Fragen müsste er beantworten können: Was heißt das, was soll das, was kann das? Dann stimmt dein Aufbau.

● Sammle für die Gliederung alle Unterlagen, Recherchen, Gedanken in Stichworten, stell sie chronologisch oder thematisch zusammen und reihe deine Themenblöcke logisch. Die Arbeit ist aufwändig, lohnt sich aber, weil du diese Zeit beim Schreiben einsparst. Du musst dich nur noch um deine Formulierungen kümmern und nicht mehr um strukturelle Probleme.

● Hast du Schwierigkeiten bei der Strukturierung deines Textes, such dir einen armen Hund, dem du sie erzählst. Dabei reiht das Hirn die Inhalte automatisch nach Wichtigkeit. Und die Mimik deines Gegenübers sagt dir sofort, ob er sich noch auskennt oder nicht.

● Den besten Satz hast du dir schon für den Einstieg überlegt. Der zweitbeste kann ein guter Schluss sein.

● Andere Möglichkeiten für den Schluss sind: ein Resümee zu ziehen; dir einen Schlussgag auszudenken; oder thematisch wieder zum Anfang zu kommen und damit den Kreis zu schließen.

Übung 1 Nimm an, du hast den Auftrag, einen Text darüber zu schreiben, wie negativ sich ein Urlaub auf die Beziehung auswirken kann. Überlege dir die Story. Welchen Einstieg wählst du? Wie muss der Programmabsatz lauten? Wie spinnst du den roten Faden? Was ist dein Schluss? Schreibe eine Gliederung in Stichworten.

Übung 2 Schreibe einen kurzen Text über die Volkskrankheit Übergewicht mit dem Titel: Wie dick sind die Österreicher wirklich? Halte dich an den Aufbau einer Geschichte von Einstieg, Programmabsatz, roten Faden und Schluss.

»Um Gottes willen, jetzt ist mir der rote Faden gerissen.«
»Dann nimm halt meinen.«

DAS SPIEL
MIT DEN WORTEN

*Ich verstehe nicht, weshalb man so viel Wesens
um die Technik des Komödienschreibens macht. Man braucht doch
nur die Feder in ein Whiskyglas zu tauchen.*
Oscar Wilde

Am Anfang ist der Übermut. Ausgelassen und zügellos, kaum zu bändigen. Er verführt dich. Er stachelt dich auf. Komm, trau dich doch. Schreib ruhig hin, was dir in den Fingern brennt. Und schon ist es passiert.

Dabei schaut es noch so gut aus. Flockige Formulierungen, knackige Konstruktionen, wilde Wortspiele. Die nicht jedem einfallen. Die aber vielleicht nicht jeder nachvollziehen kann. Eigentlich weiß ich jetzt selber nicht mehr … Was hab ich mir denn da überhaupt … Nein, so geht das nicht.

So geht's auch nicht. In keiner anderen Kunst kann man so leicht übers Ziel hinausschießen wie beim Schreiben. Ein Maler sagt sich eher, das Grün-Gelb-Lila ist doch ein bissl dick aufgetragen. Ein Komponist sagt sich früher, haltaus, das Rondo ist jetzt schon eine Kakofonie. Der Bildhauer sagt sich bald einmal, wenn ich so weitertu, hab ich in einer Stunde nur mehr einen Kiesel übrig. Der Autor freut sich über jedes Wort, das er verdreht hat, die Haxen aus. Und kommt jahrelang nicht drauf, dass es zu viel des Guten war.

Wortspiele sind was Wunderbares. Wenn sie richtig eingesetzt sind. Und vor allem nicht zu oft. Dreizehn Sprachsalti in einem Satz sind penetrant, auch wenn sie alle noch so gelungen sind. Der deutsche Essayist Ernst Jünger sagt: »Die Absicht, bedeutend zu schreiben, bedeutend zu sprechen, verdirbt vieles. Absicht gibt dem Stil etwas Abgesehenes.« Es ist, als würdest du jemandem zwei Stunden lang Witze erzählen. Irgendwann wird er das nicht mehr lustig finden, es wird ihm auf die Nerven gehen, und du hast damit genau das erreicht, was du nicht wolltest.

»Apropos. Kennst schon den mit der lesbischen Nonne?«

»Ja.«

Die Grundregeln des Schreibens sind dein Rüstzeug. Sie umschließen Grammatik und Wortschatz. Sie sind auf Anhieb zu verstehen. Es braucht nur ein bisschen, bis du sie verinnerlicht, und noch ein bisschen länger, bis du sie im kleinen Finger hast. Aber, mein Gott, die dreißig, vierzig Jahre sind schnell vorbei. Das Schöne am Schreiben ist, dass du nie aufhörst zu lernen. Oder wie die Krimiautorin Patricia Highsmith sagt: »Eben das macht das Schreiben zu einem lebendigen und aufregenden Beruf: die ständige Möglichkeit des Misslingens.«

Und die hast du bei jedem Satz. Nach jedem Punkt musst du dich wieder entscheiden, was du bis zum nächsten Punkt machst. Du bist allein, aber du hast gute Richtlinien. Und du bekommst noch mehr. Tricks, die man nur aus jahrzentelanger Erfahrung wissen kann. Tipps, wie du die Regeln brichst. Weil du nur Regeln brechen kannst, die du kennst.

Ein Tischler muss zuerst einen geraden Tisch hinstellen können. Auf vier Beinen, die nicht wackeln. Mit einer Tischplatte, die nicht schief ist. Das ist sein Handwerk. Und dann kommen die Verzierungen. Dafür braucht er sein Werkzeug. Wie du. In deinem Fall sind das die Stilmittel. Mit ihrer Hilfe gelingen die kleinen Kunstgriffe, die dir den Weg zum eigenen Stil ebnen.

»He, wo is'n mein …?«

»Was suchst du denn?«

»Meinen eigenen Stil.«

Die einzige Methode, den eigenen Stil zu finden, ist Schreiben, Schreiben, Schreiben. Ein Schreibstil entsteht nicht im Kopf, sondern nur auf dem Papier.

Man visiert an, biegt ab, versucht es noch einmal, trifft daneben, versucht es noch einmal, landet zufällig im Schwarzen, versucht es noch einmal, beobachtet die anderen, versucht es noch einmal, schlägt ins Leere, versucht es noch einmal. Und wenn man dann irgendwann Erfahrung und eine gewisse Routine hat, wenn man also endlich zum eigenen Stil gefunden hat, dann – versucht man es noch einmal.

Der Überraschungs-Effekt

Innerer Monolog einer Stripperin

SO NICHT Der Tanga zwickt heut wieder. Dass die nix kaufen können, was passt. Für die paar Minuten, sagen sie immer in der Agentur. Aber die sitzen auch nicht in der Torte. Eng isses da, finster, die Füß schlafen dir ein. Scheißberuf. Bitte, ich mein, wenn dann der Deckel aufliegt und man hupft raus und alle schauen, das ist schon was. Die großen Augen von den Herren, der Vater, das Geburtstagskind, die Cousins, der Onkel, der Opa sowieso. Als hätten's alle noch nie eine Frau gesehen. Wobei. Ich hab ja schon auch was zum Herzeigen und ich mach's gern. Ich tu mich gern ausziehen. Ah, ich hör s' schon, jetzt isses gleich so weit. Na, die sind nimmer nüchtern, mein lieber Schwan. Da werden s' wieder grapschen wollen, überall hinfahren, wo s' was erwischen, grauslich. Und ich darf nicht mehr zurück, wenn ich einmal aus der Torte draußen bin, bin ich die Schnitten, die sie alle haben wollen. Und alles nur wegen dem Kevin, siebzehn wird er heute, aa scho was. Zeig's ihm, hat mir sein Papa g'sagt, mach ihm eine Freude. Aber, wissts was, mich freut's heut nicht. Mich kann er gernhaben, der Kevin, ich bleib in meiner Torte. Da isser, der Tusch. Ja, Burschen, leider. Und noch ein Tusch. Sie glauben's nicht. Moscherln könnts mich, tuschen, so viels wollts. Ich bin nicht da, ich hör nix. Vanessa! Ja, ja. Puppi. Nix Puppi. Heut ist die Überraschung, dass es keine gibt.

Das Höchste, wozu der Mensch gelangen kann, ist das Erstaunen.
Johann Wolfgang von Goethe

Was heißt überhaupt Überraschungs-Effekt?

Der Trick ist, das Unerwartete passieren zu lassen. Dem Leser kleine Geschenke zu überreichen. Es ist wie in Beziehungen. Einer beginnt einen Satz, der andere weiß schon, wie er endet. Und wird hin und wieder doch überrascht.

Die Kunst ist, zur richtigen Zeit das Kaninchen aus dem Hut zu zaubern. Damit schaffst du es, den Leser auch bei Themen, die ihn gar nicht so interessieren, oder bei Handlungen, die sich über die Seiten schleppen, nicht einschlafen zu lassen.

Dafür gibt's unendlich viele Möglichkeiten. Ein paar Methoden:

Ein Verb für zwei Aussagen
Das schlechte Beispiel
Sie erdrosselte ihren Mann kurz nach dem Essen.
Das gute Beispiel
Sie würgte den letzten Bissen hinunter und dann ihren Mann zu Tode.

Ein Wort mit zwei Bedeutungen
Das schlechte Beispiel
Nach der Ohrfeige war er Stadtgespräch.
Das gute Beispiel
Mit einem Schlag war er Stadtgespräch.

Ein Ablauf mit einem möglichst nebulosen Ende
Das schlechte Beispiel
Der Schauspieler posierte für Fotos und verabschiedete sich schnell.
Das gute Beispiel
Der Schauspieler kam, ließ sich fotografieren und ging wieder.

Wörtlich genommen
Das schlechte Beispiel
Schenke deiner Frau kein Geld, schenke ihr etwas, das von Herzen kommt.
Das gute Beispiel
Schenke deiner Frau etwas, das von Herzen kommt: Arterien.

Ein Verb für drei Aussagen

Das schlechte Beispiel
Die Sekretärin hatte eine atemberaubende Figur und eine rauchige Telefonstimme, beherrschte aber die Stenografie nicht.

Das gute Beispiel
Die Sekretärin hatte eine atemberaubende Figur, eine rauchige Telefonstimme und keine Ahnung von Stenografie.

Die falsche Fährte

Das schlechte Beispiel
Mann und Frau passen nicht zueinander.

Das gute Beispiel
Es gibt Berufe, die nicht zueinanderpassen. Zum Beispiel Mann und Frau.

Angriff aus dem Hinterhalt

Das schlechte Beispiel
In ihren Augen war er ein schlechter Mensch, aber er hatte bestimmt auch seine guten Seiten.

Das gute Beispiel
Er hatte auch seine guten Seiten. Ihr fiel nur grad keine ein.

Der vage Ausklang

Das schlechte Beispiel
Die Rebellen warfen Molotowcocktails und protestierten mit Flugblättern.

Das gute Beispiel
Die Rebellen warfen Molotowcocktails und Flugblätter, in denen stand, dass das alles so nicht geht.

Das auseinandergerissene Zeitwort

Das schlechte Beispiel
Die Kollegen wählten ihn zum neuen Betriebsrat aufgrund eines Ereignisses, das eigentlich schon verjährt war und bei dem er sich reichlich radikal benommen hatte.

Die Kollegen schlugen ihn aufgrund eines Ereignisses, das eigentlich schon verjährt war und bei dem er sich reichlich radikal benommen hatte, zum neuen Betriebsrat vor.

Also.
Gib deinen Worten etwas Unerwartetes.
Hauche jedem trockenen Thema Leben ein.
Wecke den Leser auf und entlocke ihm ein Lächeln.

- Überraschungen nehmen bekannten Tatsachen das Bekannte.
- Sie peppen öde Sachthemen auf.
- Sie hauchen blutarmen Protagonisten Leben ein.
- Sie können einen Übergang zum nächsten Gedanken schaffen.
- Sie machen schon Freude beim Schreiben.

Auf die Art arbeitest du wie **Wilhelm Busch**:
Stets findet Überraschung statt, da, wo man's nicht erwartet hat.

● Den Überraschungs-Effekt kannst du gut brauchen, damit etwas passiert zwischen zwei Punkten, auch wenn gar nichts los ist.

● Der Überraschungs-Effekt macht sich gern selbstständig. Pass auf, dass du nicht zu kompliziert denkst.

Übung 1 Du hast folgende Vorgaben: Die Analyse einer Handschrift ergibt schöne Vokale, interessante Abstriche, keine nennenswerten Mitlaute. Die Handschrift ist eindeutig männlich, wirkt eher kindlich, lässt aber auf starken Willen, Ruhelosigkeit, Macht schließen. Überlege dir in diesem Zusammenhang einen Überraschungs-Effekt.

Übung 2 Du hast folgendes Zitat von Oscar Wilde: »Zu einer guten Ehe gehören meistens mehr als zwei Personen.« Überlege dir in diesem Zusammenhang einen Überraschungs-Effekt. Ein Absatz genügt.

Das Kontrast-Reich

Plädoyer für die Langeweile

SO NICHT Alle sagen, ich bin so fad. Wenn mich einer fragt, du bist aber fad, sag ich, das macht nichts. Ich schau gern fade Filme mit flämischen Untertiteln. Ich les gern fade Bücher, wo bis zum Schluss nichts passiert. Ich koche mir gern ein fades Essen, nur kein Gewürz. Ich habe fade Kinder, die den ganzen Tag am Fenster sitzen und den Asphalt beobachten. Ich habe fade Haustiere, die leben aber immer nur ein paar Tage, weil es ihnen zu fad ist, was zu fressen. Ich hab sogar fade Träume, in denen regnet's dauernd. Aber ich bin so gern fad. Damit heb ich mich total von allen anderen ab.

> *Schreiben ist wie Narkose ausüben.*
> Gabriel García Márquez

Was heißt überhaupt Kontrast-Reich?

Der Trick ist, mit Gegensätzen zu arbeiten. Etwas zu koppeln, was nicht zueinander passt, hat immer etwas Verblüffendes, meistens auch was Amüsantes. Ein paar Beispiele:

Das falsche Eigenschaftswort
Das schlechte Beispiel
Er zögerte sein ganzes Leben.
Das gute Beispiel
Er war ein entschlossener Zauderer.

Auflockern durch Umgangssprache
Das schlechte Beispiel
Die Herren von der Opposition zeigten den Kollegen von der Regierung, wie es richtig geht.

Die Herren von der Opposition zeigten den Kollegen von der Regierung, wie man mit der Geiß ackert.

Die liebliche Bösartigkeit
Es war eine fulminante Wirtshausrauferei.
Schön war's, sogar die Kellnerinnen haben geblutet.

Der vorgetäuschte Widerspruch
Das Menü war teuer, schmeckte aber trotzdem nicht gut.
Das Menü war teuer und dennoch geschmacklos.

Die schleichende Wahrheit
Seine Ahnung, den Verstand zu verlieren, bestätigte sich.
Ich werd verrückt, dachte er und behielt recht.

Die falsch verwendete Zeitangabe
Das half ihm nicht eine Sekunde.
Das half ihm über die nächsten dreieinhalb Minuten hinweg.

Die falsch verwendete Zahl
Sie waren so oberflächlich, dass sie 300 Bekannte zu jedem Fest einluden und sie alle für ihre Freunde hielten.
Auf jedes Fest luden sie 300 ihrer engsten Freunde ein.

Also.
Nutze die Gegensätze.
Polarisiere behutsam.
Verblüffe mit Leichtigkeit.

- Gib deinen Worten etwas Unbeschwertes, Amüsantes.
- Kontraste nehmen deinem Text das Grau.
- Schreibe mit lockerer Hand.
- Was nicht zueinander gehört, kann der Autor vereinen.
- Kontraste sind wie ein Zwinkern zwischen den Zeilen.

Auf die Art arbeitest du wie **Alfred Polgar**:
Schriftsteller, die ununterbrochen nach Tiefgang suchen, kommen mir vor wie Taucher in einer Badewanne.

TIPPS AUS DER PRAXIS

- Kontraste lassen sich mit gegensätzlichen Inhalten erzeugen: Für weiße Blusen sehen die Designer heuer schwarz.
- Kontraste lassen sich mit Wortspielen erzeugen: Schwarze Blusen sind nicht mehr modern, aber wer weiß.

Übung 1 Beschreibe es in einem Satz mit einem Kontrast. Folgendes Szenario: Ein Typ will in ein Wirtshaus gehen und eine Schlägerei anfangen.

Übung 2 Definiere das Wesen eines blonden Luders in einem Satz mit einem Kontrast.

Übung 3 Schreibe einen kurzen Text zum Thema: Wenn sich das Mutter-Tochter-Verhältnis umdreht. Stichwort: verkehrte Welt. Der Kontrast soll diesmal nicht sprachlich, sondern inhaltlich angelegt sein.

Die Jargon-Methode

Eine Gutenachtgeschichte aus der Nervenheilanstalt

Zwei Holzpyjamas fahren mit dem Surfbrett in die Innenstadt, um sich zu Allerheiligen ein weiches Ei zu kochen. Sie haben zu viel Strom in den Knöcheln, was ihnen bis in die Nieren blinkt, und um das loszuwerden, ist ein Ei das Beste, allerdings ohne Dotter. Aber das weiß ja jeder, der Urlaub hat. An der Ecke Rotenturmstraße treffen sie einen Flammenwerfer. Sagt der: Ist euch auch so schlecht? Die Holzpyjamas schütteln den Ärmel. Gut, sagt der Flammenwerfer, bis zum nächsten Mal. Langsam wird es Mittag, über dem Stephansdom geht die Sonne unter, die Schwalben fliegen schon sehr verkehrt. Morgen wird's laut, sagt der eine Holzpyjama und hält sein Knopfloch gegen Westen. Geh, sagt der andere, du bist gar so streng. Die Dinge werden immer diffuser. Setzen wir uns auf ein Spanferkel ins Hawelka, sagt der Strenge, trinken wir ein Packerl Schilcherhonig, vielleicht wird's dann echter. Ein Hund schwimmt auf sie zu, schaut an den beiden vorbei und sagt: Das Leben ist wie ein Hubschrauber.

> *Der Unterschied zwischen dem richtigen Wort*
> *und dem beinahe richtigen ist derselbe Unterschied wie zwischen*
> *dem Blitz und einem Glühwürmchen.*
> Mark Twain

Was heißt überhaupt Jargon-Methode?

Der Trick ist, aus dem Wortschatz zu schöpfen, den das Thema vorgibt. Wenn du zum Beispiel übers Essen schreibst, überlege dir Worte, Phrasen und Formulierungen, die mit Essen, Kochen und Genießen zu tun haben.

Wir reden also nicht von einem Jargon im Sinne von Truman Capote, der sagte: »Slang ist der durchgescheuerte Hosenboden der Sprache.« Wir meinen nicht den Slang, an dem man eine bestimmte Szene oder ein Milieu erkennt oder die Fachsprache einer spezielle Berufsgruppe. Wir reden davon, deine Worte dem Thema anzupassen und sie zu Sprachkomplizen zu machen.

Dazu braucht es ein bisschen Vorarbeit. Am besten geht das mit einem Brainstorming. Du durchstöberst das Archiv im Hirn nach einzelnen Worten, Phrasen und Formulierungen, die dir rund um dein Thema einfallen. Grab ruhig den gesamten Wortschatz aus, Brainstorming heißt ja, einen Sturm in den grauen Zellen zu entfachen, alles einmal maßlos aufzuwühlen und sich noch nicht darum zu kümmern, was schließlich übrig bleibt.

Angenommen, du schreibst über den Wald. Schnall dir eine geistige Kamera vor und schau dir die Szenerie aus der Vogelperspektive an. Was siehst du von dort oben? Viel Grün. Baumwipfel. Lichtungen. Wanderer, so groß wie Ameisen. Dir fällt ein: Man sieht vor lauter Bäumen den Wald nicht; grüne Lunge; es raschelt im Blätterwald. Jetzt zoomst du langsam ins Geschehen hinein. Du erkennst Äste, Blätter, Spechte. Einen Hochstand. Möglicherweise ein Eichhörnchen. Dir fällt ein: auf keinen grünen Zweig kommen; der Apfel fällt nicht weit vom Stamm.

»O Tannenbaum.«

»Nicht singen.«

Du näherst dich dem Boden. Ein Hase. Moos. Efeu. Tannenzapfen. Farn. Schwammerlgulasch. Dir fällt ein: scheu wie ein Reh; verwurzelt sein; Hänsel und Gretel.

Wenn es dir lieber ist, kannst du's auch umgekehrt angehen. Dich von den Hirschkäfern über die Baumstümpfe nach oben arbeiten und dich am Schluss über die Baumwipfel aufschwingen.

Bei einem Thema wie Viagra wird das Brainstorming etwas anders, etwas ungeordneter ausfallen. Da knüpft jeder seine eigene Assoziationskette, leitet von einem Begriff mehrere Stränge ab oder pflügt gleich kreuz und quer durch den Garten der Lust. Zum Beispiel: blaues Wunder, ein Phall für zwei, Stand der Dinge, erhärtende Maßnahmen, er steht zu seinen Schwächen, Durchhänger, das Hirn rutscht unter die Gürtellinie, Trieb-Feder, Wirbel in den Lenden. Die Methode verhindert nicht nur Nieten, sie ist sozusagen nagelfest.

Du wirst nie alles verwenden, was das Brainstorming ergibt. Aber das macht nichts und ist auch nicht der Sinn der Sache. Die Jargon-Methode ist nur dann gut, wenn sie sparsam verwendet wird. Zu viel einschlägiger Wortwitz wird schnell lästig. Der Leser bekommt den Eindruck, dass sich der Schreiber nur wichtigmachen will. Und hat recht. Außerdem killt zu viel Sprachspielerei den Inhalt. Du erschlägst das Thema, das du eigentlich lebendiger machen und nur etwas aufpeppen wolltest. Und schon wünscht dich der Leser dorthin, wo der Pfeffer wächst. Ein paar Beispiele:

Der Gourmetkritiker vernichtet den Koch.
Das schlechte Beispiel
Der Gourmetkritiker zeigt dem Koch die rote Karte.
Das gute Beispiel
Der Gourmetkritiker haut den Koch in die Pfanne.

Als sie mit dem Tormann liiert war, ließ er sie oft links liegen.
Das schlechte Beispiel
Als sie mit dem Tormann liiert war, war sie oft einsam wie ein Schiff auf dem Ozean.
Das gute Beispiel
Als sie mit dem Tormann liiert war, stand sie häufig im Abseits.

Der Besitzer des Bootsverleihs war fast pleite. Er wusste sich kaum noch zu helfen.
Das schlechte Beispiel
Der Besitzer des Bootsverleihs war fast pleite. Der Zug seiner Geschäfte war auf ein Nebengleis gerattert und stehengeblieben.
Das gute Beispiel
Der Besitzer des Bootsverleihs war fast pleite. Das Wasser stand ihm bis zum Hals.

Am liebsten fährt er im Tiefschnee.

Das schlechte Beispiel

Im Tiefschnee fühlt er sich wohl wie ein Hase im Heu.

Das gute Beispiel

Er hat einen Hang zum Tiefschneefahren.

Der Autor gab den Text eines anderen für seinen aus.

Das schlechte Beispiel

Dem Autor fiel nichts ein, er fischte seine Worte stets aus fremden Gewässern.

Das gute Beispiel

Der Autor schmückte sich mit fremder Feder.

Also.
Wühl deinen Wortschatz auf.
Denk dich in die Szenerie hinein.
Pass deine Worte dem Thema an.

- Siedle deine Ausdrücke nicht meilenweit vom Inhalt an.
- Lockere deinen Text auf.
- Führe den Leser nicht in die Irre.
- Zeige dem Leser, wie lieb man die Sprache haben kann.
- Die Jargon-Methode macht's möglich, mit den Worten zu spielen und gerade dadurch präzise zu bleiben.

Auf die Art arbeitest du wie **Friedrich Gottfried Klopstock:**
Der Ausdruck ist ein Schatten, der sich mit dem Baum bewegt.

● Mach das Brainstorming vor dem Schreiben. Dann hat sich das Hirn schon aufs Thema eingestellt und deine Wortsammlung gespeichert. Du musst nicht über Formulierungen nachdenken und kannst flüssiger und schneller schreiben.

● Selbst beim Überarbeiten können zähe Textstellen immer noch mit Jargon-Ausdrücken aufpoliert werden.

● Die Jargon-Methode hilft dir, keine falschen Sprachbilder zu zeichnen.

● Geh sparsam damit um. Je öfter du die Jargon-Methode verwendest, desto mehr schleift sie sich ab.

Übung Lass folgende Leute standesgemäß sterben. Zum Beispiel: Der Zahnarzt hinterlässt eine Lücke. Niemand haut dir jetzt auf die Finger, wenn du die Präzision dabei etwas außer Acht lässt. Der Gemüsehändler darf sich die Radieschen ruhig von unten anschauen, obwohl das eigentlich heißt, dass er schon tot ist.

Der Kellner … Der Turner … Den Elektriker … Der Pfarrer … Der Spachtelfabrikant … Der Schaffner … Der Beamte … Der Religiöse … Der Gärtner … Der Fechter … Die Putzfrau … Der Anwalt … Der Autohändler … Der Kfz-Mechaniker … Der Säufer … Der Förster … Der Gynäkologe … Der Rabbi … Der Optiker … Der Eremit … Der Tenor … Der Lampenhändler … Der Marathonläufer … Der Spanner … Der Modedesigner …

Das Bilder-Muster

Galerie der schiefen Bilder

SO NICHT

Herzlich willkommen, ich begrüße Sie zu unserer Vernissage. Bitte folgen Sie mir.

Gleich hier zur Linken sehen Sie »die Industriefrau«. Schauen Sie sich das an. Diese herrliche Destruktivität, der Rost, diese Patina. Es ist, als würde man Aphrodite beim Verfaulen zuschauen, bis sie wieder zu Schaum wird. Daneben, es mag Sie an Edvard Munchs »Schrei« erinnern: der in tiefer Verzweiflung geöffnete Mund, der seine Zähne zu einem Gähnen aufreißt. Das Werk heißt »Gicht«. Der Künstler hier gegenüber, er ist übrigens Schwede, malt ausschließlich an ungeraden Tagen und zwar mit seinem Knie, als hätte er dort einen Pinsel. Das Gemälde ist in kraftvollen Aquarellfarben gehalten, als würde ein Regenbogen stottern. Es heißt, wörtlich übersetzt, »Dringlichkeit, von rechts«. Wenn Sie sich sattgesehen haben, kommen Sie bitte in den nächsten Raum, zu den Realisten.

Der Leser hat's gut: Er kann sich seine Schriftsteller aussuchen.

Kurt Tucholsky

Was heißt überhaupt Bilder-Muster?

Der Trick ist, mit der Sprache Bilder zu malen. Und damit einen Text zu visualisieren. Gelingt dir das, wird sich der Leser an das Bild und damit an deine Geschichte erinnern. Vor allem aber erfüllst du die wichtigste Aufgabe, die du mit deiner Geschichte hast: Der Leser kann sie gut weitererzählen.

Es geht dabei nicht darum, wild herumzuklecksen, sondern die Tupfer gezielt zu setzen, um deinem Text Farbe zu geben. Wo die Tupfer hingehören, wie dick sie aufgetragen sind, ob sie herausleuchten wie Neonfarbe oder in Pastelltönen matt schimmern, entscheidest du. Um mitzuteilen, dass ein Hochhaus dreizehn Stockwerke hat, genügt der Satz: Das Haus hat dreizehn Stockwerke. Man sieht es vor sich.

Willst du aber die Eitelkeit einer Person beschreiben, ist ein Bild lebendiger als der Satz: Er ist eitel. Zum Beispiel: Er kann an keinem Schaufenster vorbeigehen, ohne sich über die Haare zu streichen. Der Leser hat den eitlen Tropf vor Augen. Und der Autor hat nicht gewertet. Er hat etwas beobachtet, dessentwegen der Leser auf den Charakter schließen kann. Das heißt, der Schreiber hat seine Aussage belegt. Und der Leser macht sich sein eigenes Bild.

Sofern das Sprachbild nicht unlogisch und präzise formuliert ist. Einer der häufigsten Fehler beim Schreiben sind schiefe Bilder. Auf den Blick mögen sie zwar gut aussehen, stimmen aber nicht. Zum Beispiel: das Leichentuch der Hoffnung. Gemeint ist: Irgendwer hat die Hoffnung umgebracht. Das Leichentuch kann aber kein Mörder sein, es umhüllt nur etwas, das schon tot ist.

Besonders gut zu gebrauchen sind Bilder und Vergleiche bei der Beschreibung von Gefühlen, Sinneswahrnehmungen, Atmosphäre, Landschaften, unfassbaren Zahlen und Preisen oder Eigenschaften.

Das schlechte Beispiel
Die Zigarette schmeckte scheußlich.
Das gute Beispiel
Die Zigarette schmeckte wie das Taschentuch eines Klempners.

Das schlechte Beispiel
Die Felsformation war zerklüftet.
Das gute Beispiel
Der Berg sah aus wie das Gesicht von Clint Eastwood.

Das schlechte Beispiel
Die Party kostete 150 000 Euro.
Das gute Beispiel
Die Party kostete so viel wie ein kleines Zinshaus.

Der Angriff forderte 70 000 Todesopfer.
Bei dem Angriff starben 70 000 Menschen. Damit wurde praktisch ganz Döbling ausradiert.

Es war stockdunkel.
Es war dunkler als eine Wagenladung Arschlöcher.

Er war sehr engstirnig.
Er war so engstirnig, dass er mit beiden Augen durch ein Schlüsselloch schauen konnte.

Der Fernsehstar war sehr eitel.
Der Fernsehstar war so eitel, dass er sich sogar verbeugte, wenn der Regen ans Fenster klatschte.

Also.
Zeige dem Leser nicht nur Buchstaben, sondern Bilder.
Achte auf den passenden Rahmen.
Hänge deine Bilder gerade.

- Sprachbilder bewirken, dass etwas, das schwarz auf weiß dasteht, aussieht, als wäre es in bunten Farben gemalt.
- Bilder sind nachhaltiger als Fakten.
- Fakten geben Information, Bilder schaffen Atmosphäre.
- Rege die Fantasie des Lesers an.
- Sprachbilder machen einen Text flotter.
- Bilder sind Vergleiche, sie machen Tatsachen plastischer.

Auf die Art arbeitest du wie **Joseph Pulitzer:**
Was immer du schreibst, schreibe kurz, und sie werden es lesen, schreibe
klar, und sie werden es verstehen, schreibe bildhaft, und sie werden es im
Gedächtnis behalten.

TIPPS AUS DER PRAXIS

● Ein Bild oder Vergleich muss nicht mit »Es ist, als wäre …«
oder »Es sah aus wie …« beginnen. Du kannst das Bild auch
gleich in den Hauptsatz packen.

● Schau mal rein bei Raymond Chandler. Seine Sprachbilder sind deftig, aber gut: Sie war eine von diesen Frauen, für
die jeder Bischof ein Kirchenfenster eintreten würde.

● Du kannst deine Bilder ruhig überspitzen. Das gibt dem
Ganzen einen ironischen Anstrich.

● Pass auf, dass du nicht so kompliziert denkst und formu-
lierst, dass der Leser einen Kunstspezialisten braucht, der ihm
dein Bild erklärt.

● Mach keine Galerie aus deinem Text. Zu viele Bilder sind
verwirrend.

● Über ein Bild nachzudenken ist nie verkehrt. Es verbessert
die Assoziationsfähigkeit, auch wenn du das Bild dann doch
nicht verwendest.

● Überrede dich nie zu einer Formulierung, die sich wehrt,
und versuche nie, einen Gag, der sich spießt, mit Gewalt aufs
Papier zu bringen. Wenn du nach drei Versuchen immer noch
stockst, verabschiede dich von deinem Einfall.

Übung 1 Lies dir folgende Sprachbilder durch. Entscheide: Sind sie gut, sind sie schief? Und warum?

Das Manuskript sah aus, als hätte eine Katze ihre Fischvergiftung drauf ausgekotzt.

Das Auge des Gesetzes hat seinen langen Arm stets griffbereit.

Dort trifft sich das Who is Who der Schauspielerei.

Sie sah aus wie ein aufgeputzter Christbaum am 20. Jänner.

Angesichts dieser Maschine würden Daniel Düsentrieb und Mister Q vor Neid erblassen.

Blitzartig vorschnellend wie ein in tiefem Wasser zappelnder Mann stürzte er sich auf den Feind.

Das Badezimmer ist wohnlich geworden. Der nasse Sinneswandel ist vollzogen.

Die Zwischenrufe im Parlament sind der Regierung ein Dorn im Auge.

Ein Mann, ein Wort. Richard Lugner, ein Wörterbuch.

Wenn er daran gedacht hätte, dass einer Europäerin der Oscar höchstens aus Mitleid verliehen werden würde, wäre er mit der Titanic gekommen.

Die Forstangestellte hatte einiges Holz vor der Hütte.

Vom Kopf bis zu den Fingerspitzen glänzen Lippen, strahlen Augen und schimmern Nägel.

Sie nimmt ein Kurbad in der eigenen Saftlosigkeit.

Übung 2 Sage es mit einem Bild.

Die großbusige Blondine.

Sie hat ein übersteigertes Selbstbewusstsein.

Er hat ein breites Grinsen.

Er ist blöd.

Die Schlampigkeits-Falle

Was jetzt eigentlich?

 Vorerst jedenfalls nie. Indes vielleicht doch. Allerdings mittlerweile warum? Früher vielmehr, zwischenzeitlich schon einmal auch, bloß: Na und? Vor allem wozu darüber hinaus? Ach was, obwohl nämlich aber und überhaupt. Oder?

> *Schreiben ist, wie mir scheint, Kraftüberschuss.*
> Kurt Tucholsky

Was heißt überhaupt Schlampigkeits-Falle?

Der Trick ist, nicht hineinzutappen. Genau das passiert an Tagen, an denen das Schreiben entweder gar nicht oder zu schnell von der Hand geht. In beiden Fällen schummeln sich Wörter in den Text, die an der falschen Stelle stehen, einen falschen Zusammenhang herstellen oder ganz überflüssig sind.

Zum Beispiel: obwohl, nämlich, aber, statt, überhaupt, als, ebenfalls, da, bis, neben, damit, ja, deswegen, dazu, doch, indes, gleichermaßen, dennoch, nachdem, gegenüber, eigentlich, zwischen, während, dabei, eher, davon, daher, zudem, sonst, obschon, wann, schon, vorerst, trotzdem, über, stets, dann, sofern, darüber, vielmehr, früher, falls, ebenso, gleichzeitig, allerdings, obgleich, auch wenn, bisweilen, darob, allein, vorab, bislang, inzwischen, vorübergehend, halt, deshalb, ansonsten, darüber hinaus, ob, solange, weil, zu, überdies, für, bald, durch, mittlerweile, stattdessen, außerdem, zuerst, einfach, so weit, zwischenzeitlich, denn, dadurch, mitunter, manchmal, oftmals, freilich, indem und so weiter.

Schreibfluss ist nicht gleich Lesefluss. Ein Text, der hurtig aufs Papier flutscht, liest sich deshalb noch lange nicht flüssig. Umgekehrt ist ein Text, der langsam herauströpfelt, nicht unbedingt träge zu lesen.

Darüber entscheidet die Verwendung von Verhältnis-, Binde- oder Umstandswörtern. Sie sind die Chamäleons der deutschen Sprache. Haben sie sich einmal festgesetzt, sind sie kaum mehr zu entdecken, zu entfernen oder gar zu ersetzen.

»Und schon ist es passiert.«

»Wo?«

»Durch das richtige Wort zu ersetzen, nicht mit.«

»Holla.«

Das schlechte Beispiel
Erfolg war auch einer anderen Marke beschieden, die ebenfalls auf Statussymbole setzte.

Das gute Beispiel
Erfolg war auch einer anderen Marke beschieden, die auf Statussymbole setzte.

Das schlechte Beispiel
Vorab nur im männlichen Kleiderschrank zu finden, hielt der Smoking 1965 auch bei den Damen Einzug.

Das gute Beispiel
Früher trugen nur Männer einen Smoking, 1965 kam er auch für Damen in Mode.

Das schlechte Beispiel
Trotzdem ich nicht glaubte, was er sagte, widersprach ich ihm nicht.

Das gute Beispiel
Obwohl ich nicht glaubte, was er sagte, widersprach ich ihm nicht.

Das schlechte Beispiel
Heute entstehen Schulden nicht mehr durch Investitionen, allerdings durch das Nachtleben.

Das gute Beispiel
Heute entstehen Schulden nicht mehr durch Investitionen, sondern durch das Nachtleben.

Wir müssen viel mehr Geld verdienen, dass wir unseren Lebensstil rechtfertigen.
Wir müssen viel mehr Geld verdienen, um unseren Lebensstil aufrechtzuerhalten.

Das Spezielle an diesem Zeitmesser ist neben der Uhr selber das Band.
Die Uhr ist außergewöhnlich, von der Unruh bis zum Band.

Auf Partys zwischen Monte Carlo und Kitzbühel gern gesehener Gast, gab der Generaldirektor überraschend seinen Rücktritt bekannt.
Der Generaldirektor, ein gern gesehener Gast auf Partys zwischen Monte Carlo und Kitzbühel, gab überraschend seinen Rücktritt bekannt.

Das kleine Schwarze variierte im Laufe der Zeit von hauteng über weich fallend, von hochgeschlossen über tief dekolletiert.
Das kleine Schwarze variierte von Saison zu Saison. Man trug es von hauteng über weich fallend bis hochgeschlossen oder tief dekolletiert.

Also.
Erkenne die Chamäleons der Sprache.
Frage dich, ob sie richtig verwendet sind.
Prüfe, ob sie an der richtigen Stelle stehen.

- Verbindungswörter sind ausschlaggebend für den Satzzusammenhang.
- Als Füllmaterial verwendete Wörter verwässern die Aussage.

- Sie können dich als Grammatik-Muffel dastehen lassen.
- Sie können dem Leser Rätsel aufgeben.
- Verwechsle sie nicht, du weißt sonst später selbst nicht mehr, was du mit diesen Worten sagen wolltest.
- Spüre sie spätestens beim Durchlesen auf, sonst bietest du deinen Kritikern ein leichtes Ziel.

Auf die Art arbeitest du wie **Heimito von Doderer:**
Schreiben ist über dem Abgrunde schweben, gehalten nur von der Grammatik.

TIPPS AUS DER PRAXIS

● Jeder Autor hat so etwas wie innere Alarmglocken, die schrillen, wenn etwas nicht stimmt. Manchmal lauter, manchmal leiser. Überhöre sie nicht.

● Überprüfe deine Sätze auf Füllmaterial. Worte wie freilich, quasi, sozusagen, schlicht und ergreifend kannst du in den meisten Fällen streichen.

● Falsch eingesetzt können die Sprach-Chamäleons einem Satz sogar eine völlig andere Bedeutung geben. Zum Beispiel: Die Firma Guerlain wird auch ein neues Parfum herausbringen. Oder: Auch die Firma Guerlain wird ein neues Parfum herausbringen.

Übung In folgenden Sätzen wimmelt es von Sprach-Chamäleons und falschen Kausalzusammenhängen. Erkenne sie, stelle sie richtig.

Man besitzt eben kein richtiges Sofa, vielleicht ja eins vom Sperrmüll, nur Taxi fährt man.

Bei der Schuldnerberatung würde er sich nie sehen lassen, geschweige denn dass ihm sein finanzieller Engpass allzunahe geht.

Neben der täglichen Generalreinigung des Körpers gehören auch seine Hände dazu.

Der Mantel eignet sich gut als Übergang vor der kalten Jahreszeit.

Wenn er bei Freunden auf dem Land war, ging es daraufhin gleich mitten ins urbane Zentrum.

Während früher alles ganz leicht war, ist es jetzt viel komplizierter.

Sie wollte ihn warten lassen. Stattdessen wartete er nicht ab und gönnte sich zwischenzeitlich eine Dusche.

Es war ihm schon früher aufgefallen, dass sie heute kein Make-up trug.

Sofern er sich zurückerinnerte, war ihm noch keine solche Gemeinheit untergekommen.

Gegenüber seinen Verwandten saß ein Fremder.

Wann es ihm zu blöd wurde, ging er.

Vorübergehend wurde es dunkel. Die Nacht breitete sich mittlerweile wie ein Mantel über die Wüste.

Obwohl oder gerade weil er niemanden kannte, mochte er die Stadt.

Als er sich setzte, musste er nicht lange warten, da brachte ihm der Kellner die Karte.

Blondinen gefielen ihm gleichermaßen gut.

Ich habe Beweise, dass Atlantis unter uns liegen könnte und vielleicht unsere Zukunft beinflusst.

Die Marken-Zeichen

Schrägstrichmenschen

Manche sind …
Andere vielleicht?
Dann gibt es noch welche, die –
Oder ( )
Und diese!
Wir sind /
Seltsam, dass gerade Schrägstrichmenschen die Dinge auf den Punkt bringen.

> *Sprache muss nicht immer mit*
> *Krawatte und Schnürschuhen daherkommen.*
> Stephen King

Was heißt überhaupt Marken-Zeichen?

Der Trick ist, nicht nur die 26 Buchstaben zu benutzen, sondern auch alle Satzzeichen. Sie sind die Regieanweisungen für den Leser. Vernachlässigt man sie oder setzt sie falsch, werden Aussagen oft ganz anders betont.

Ein Punkt schließt den Gedanken ab.

Drei Punkte lassen etwas offen …

Ein Beistrich lässt den Gedanken weiterlaufen, falls es noch was zu sagen gibt.

Ein Strichpunkt lässt den Gedanken auch weiterlaufen; er macht ihn aber eigenständig und damit zum ganzen Satz.

Ein Gedankenstrich signalisiert – eine Pause. Zwei Gedankenstriche heben eine Aussage hervor – und geben ihr mehr Gewicht –, falls gewünscht.

Ein Bindestrich koppelt zwei Worte oder gibt einen Wir-gehören-zu-sammen-Hinweis.

Klammern umschließen eine Zusatzinformation (allerdings sanfter als Gedankenstriche).

Auf einen Doppelpunkt folgt: eine Aufzählung. Oder er sagt: Hier kommt die Erklärung oder ein Zitat.

Ein Schrägstrich ist des Dichters Zeichen / und soll sich sonst aus Texten schleichen.

Das Fragezeichen kennzeichnet eine Frage. Nicht wahr?

Das Rufzeichen kennzeichnet einen Ausruf. Und nur den!

Die Anführungszeichen zeigen an: »Ich bin's, die direkte Rede.«

Der Apostroph zieht zwei Worte zusammen, so wirkt's lockerer. Stilistisch betrachtet hat jeder Schreiber eine Vorliebe für bestimmte Satzzeichen und hasst andere. Um die eigenen Präferenzen herauszufinden, muss man sie durchprobieren.

Ein Beispiel:

Als ich nicht ohne meinen üblichen Frust nach Hause kam, war er erstaunt.

Als ich – nicht ohne meinen üblichen Frust – nach Hause kam, war er erstaunt.

Als ich (nicht ohne meinen üblichen Frust) nach Hause kam, war er erstaunt.

Ich kam – er war erstaunt: nicht ohne meinen üblichen Frust – nach Hause.

Ich kam nach Hause. Nicht ohne meinen üblichen Frust. Er war erstaunt.

Ich kam, nicht ohne meinen üblichen Frust, nach Hause; er war erstaunt.

Er war erstaunt: Ich kam nicht ohne meinen üblichen Frust nach Hause.

Er war erstaunt: Ich kam – nicht ohne meinen üblichen Frust – nach Hause.

Ich kam nach Hause – nicht ohne meinen üblichen Frust –, da war er erstaunt.

Er war erstaunt: Ich kam nach Hause! Nicht ohne meinen üblichen Frust.

Ich kam nach Hause? Ohne meinen üblichen Frust? Er war erstaunt.

Ich kam – nicht ohne meinen üblichen Frust? – nach Hause. Er war erstaunt.

Ich kam nicht ohne meinen üblichen Frust nach Hause. War er erstaunt?

Also.
Setze Zeichen.
Arbeite Nuancen heraus.
Markiere, was dir wichtig ist.

- Formuliere punktgenau.
- Die richtige Interpunktion erhält den Sinn deiner Aussage.
- Verwende die Satzzeichen, um dich von der Masse der Durchschnittsschreiber zu unterscheiden.
- Satzzeichen sind eine Art Leitsystem durch deinen Text.
- Sie helfen dir, dich pointierter auszudrücken.
- Sie können ein Stilmittel sein.

Auf die Art arbeitest du wie **Sir Peter Ustinov:**
Jeder Mensch macht Fehler. Das Kunststück liegt darin, sie dann zu machen, wenn keiner zuschaut.

● Wüte nicht mit deinen Satzzeichen, sonst schaut dein Manuskript aus, als hätte eine Kompanie Fliegen draufgeschissen. Es gibt zwei Fragen, die du dir bei der Wahl deiner Interpunktion stellen solltest: Was braucht der Leser, um deinem Text leicht folgen zu können, und was brauchst du als Autor, um einen eigenen Stil erkennen zu lassen?

● Sei sparsam mit Fragezeichen. Der Leser will nicht gefragt werden, er will Antworten.

● Vergiss Rufzeichen. Sie machen einen Satz, der von sich aus nicht stark genug ist, nie stärker. Halte dich an Heimito von Doderer: »Wer beim Schreiben viele Ausrufezeichen verwendet, spricht auch sehr laut.«

● Hüte dich vor Aufforderungen wie: Jetzt probieren! Du bist weder ein Marktschreier noch der Vormund deines Lesers.

● Verwende Anführungszeichen für Zitate und O-Töne, vielleicht noch für Film- oder Songtitel, aber nie für Phrasen, Umgangsprachliches oder im übertragenen Sinn gemeinte Formulierungen. Schreit eine Textstelle nach so einem Hilfsmittel, hast du dich nicht verständlich genug ausgedrückt.

● Lass die Finger von Spielereien mit Satzzeichen. Zum Beispiel: verr(a)ucht oder be-greifen.

● Nutze die Koppelung mit Bindestrichen Manche Dinge lassen sich damit klarer ausdrücken. Zum Beispiel: Dann-hat-er-gesagt-dann-hat-sie-gesagt-Gespräche.

● Hilf mit, die Welt von der Pest der Apostrophe zu befreien. Entscheide dich im Zweifelsfall immer gegen statt für sie.

● Beteilige dich nicht an der Smiley-Manie. Wenn der Leser Lachanweisungen oder Trauerbefehle braucht, war dein Text nicht klar genug formuliert.

● Überlege sechs Mal, bevor du einen Satz mit drei Punkten auslaufen lässt. Es suggeriert dem Leser, dass du nur zu faul warst, den Satz zu Ende zu denken.

● Auch Satzzeichen wegzulassen kann ein Stilmittel sein. Zum Beispiel die Anführungszeichen bei Zitaten. Korrekterweise müsstest du dabei die indirekte Rede und damit den ersten Konjunktiv verwenden. Aber man muss ja nicht immer so pingelig sein. Verzichtest du bewusst auf die Anführungszeichen, kann das durchaus etwas Elegantes haben und wird dem Leser als Stilmittel serviert.

● Ein Text ohne jegliche Interpunktion erzeugt eine Art Plappern auf dem Papier. James Joyce hat das im »Ulysses« zwanzig Seiten lang gemacht, im Monolog der Molly Bloom: Ja weil er so was doch noch nie gemacht hat bis jetzt dass er sein Frühstück ans Bett haben will mit zwei Eiern seit dem City Arms Hotel wo er immer so tat wie wenn er wegen seiner kranken Stimme das Bett hüten müsste und den feinen Lackaffen spielte alles bloß um sich bei der alten Ziege interessant zu machen [...]

Übung 1 Spiele dich mit der Interpunktion. Welche Möglichkeiten gibt es? Ändere auch die Satzstellung. Welche Möglichkeiten ergeben sich dann? Erkenne deine Vorlieben.

Während er in Schlapfen und einem rosaroten Pyjama nach einer Erklärung suchte verließ sie ihn.

Übung 2 Auch in diesem Satz fehlen Satzzeichen. Füge sie ein, ändere die Satzstellung. Vergiss auch nicht auf Anführungszeichen, daraus können ganze Geschichten entstehen:

Machen wir doch eine Pause dachte sie.

Übung 3 Setze bei folgenden Worten die Apostrophe. Wo gehören welche? Wo gehören keine?

Ins; fürs; unterm; Platzl; Schnitzl; Unruh; ich hab keinen Bock; runter; gfragt; gscheit; Gschicht; hol mir bitte …, Freudscher Versprecher; wars; hats; kommen S rein; Jaquelines Beisl; Clemens Auto; die innere Ruh; Andreas Freundin ist wie sie Mutter; Andreas Freundin trägt seine Uhr.

Die Absatz-Strategie

Neue Zeile, neues Glück

Wir
machen
viele
Absätze.
Wir auch. Wir sind die meistgefragte Schusterwerkstätte im Bezirk und leben fast ausschließlich davon.
Absätze zu reparieren.

Für ein gutes Gespräch sind die Pausen genauso wichtig wie die Worte.
Heimito von Doderer

Was heißt überhaupt Absatz-Strategie?

Der Trick ist, eine neue Zeile zu beginnen. Absätze beeinflussen die Dramaturgie eines Textes mehr als jedes andere Stilmittel. Die einzige Regel dabei ist: Führe den Leser logisch durch den Text. Jage ihn nicht in eine Textwüste, die unfreundlich zu lesen ist, portioniere deine Gedanken, ordne sie in Themenblöcke.

Das Problem beginnt bei den Übergängen. Die sollten nicht zu hart sein, sonst erzeugen sie Brüche.

Experimentiert man mit Absätzen, erkennt man, dass man dem Lauf einer Geschichte mit einem einzigen Tastendruck eine verblüffende Wendung geben kann. Und die Ereignisse bekommen plötzlich eine andere Gewichtung.

Eine Methode ist der Cliffhanger. Man kennt den Ausdruck vom Film für eine Szene, die im spannendsten Moment abbricht. Eben zum Beispiel ein Mann, der mit einer Hand auf einem Klippenvorsprung hängt, und der Regisseur schreit: Cut! In Romanen schließt man mit dieser Methode manche Kapitel. Und sie ist auch auf Absätze anwendbar: Du schreibst auf die stärkste Aussage hin und beendest damit den Absatz. Ein Beispiel:

[…] Kurz bevor ihr die Augen zufielen, legte sie das Buch auf den Nachttisch. Wäre sie auf der Seite gelegen, auf der sie üblicherweise einschlief, hätte sie das Geräusch einen Stock tiefer gar nicht mehr gehört. Aber heute wälzte sie sich noch einmal herum – und da war es. Ein seltsames Kratzen, ein Rumpeln. Stille.

Obwohl sie sich schon hundertmal gefragt hatte, warum im Film jeder Mensch, der vorm Einschlafen noch ein Geräusch hört, gleich aufstehen, hinuntergehen und der Gefahr ins Messer laufen musste, tat sie genau das. Sie stand auf, ging hinunter und lief der Gefahr ins Messer.

Das Begräbnis war schlicht und ergreifend. Jeder hatte sie gemocht. Alle waren da. Aber keiner redete über sie. Sie war Vergangenheit […]

Eine andere Dramaturgie erzeugst du, indem du die Höhepunkte in einem Absatz zusammenfasst. Auf die Art bekommt die Haupthandlung etwas Nebensächliches:

[…] Kurz bevor ihr die Augen zufielen, legte sie das Buch auf den Nachttisch.

Wäre sie auf der Seite gelegen, auf der sie üblicherweise einschlief, hätte sie das Geräusch einen Stock tiefer gar nicht mehr gehört. Aber heute wälzte sie sich noch einmal herum – und da war es. Ein seltsames Kratzen, ein Rumpeln. Stille. Obwohl sie sich schon hundertmal gefragt hatte, warum im Film jeder Mensch, der vorm Einschlafen noch ein Geräusch hört, gleich aufstehen, hinuntergehen und der Gefahr ins Messer laufen musste, tat sie genau das. Sie stand auf, ging hinunter und lief der Gefahr ins Messer. Das Begräbnis war schlicht und ergreifend. Jeder hatte sie gemocht. Alle waren da. Aber keiner redete über sie. Sie war Vergangenheit […]

Also.
Verliebe dich in Absätze.
Unterstütze deine Dramaturgie mit Absätzen.
Locke den Leser nicht in eine Textwüste.

- Texte ohne Absätze lesen sich mühsamer.
- Mit Absätzen kannst du den Inhalt in Form bringen.
- Obwohl Absätze den Text optisch teilen, machen sie aus ihm eine Einheit.

Auf die Art arbeitest du wie **John Irving**:
Schreiben ist wie Ringen. Man braucht Disziplin und Technik. Man muss auf eine Geschichte zugehen wie auf einen Gegner.

TIPPS AUS DER PRAXIS

• Üblicherweise besteht ein Absatz aus mehr, mindestens aber aus zwei Sätzen. Ausnahme: Ein Satz ist tatsächlich so gewichtig, dass man ihm eine Sonderstellung einräumen will.

• Die gängigste und angenehmste Form der Absatzsetzung bei Dialogen ist, immer dann einen Absatz zu machen, wenn die direkte Rede einer Figur beendet ist. Das heißt: Jeder Aussage einer Person – samt dazugehörigem Fließtext – wird ein neuer Absatz zugewiesen.

• Hast du einen Absatz beendet und keine Ahnung, wie du den nächsten ohne Bruch beginnen sollst, hilft – ein Absatz. Und zwar dort, wo er nicht erwartet wird. Hänge zum Beispiel den ersten Satz des nächsten Absatzes ans Ende des vorigen Absatzes. Oder umgekehrt: Beginne den neuen Absatz mit dem letzten Satz des vorigen Absatzes.
Zum Beispiel: […] Die Patin der Kelly-Bag aus dem Hause Hermès war Fürstin Gracia Patricia. Durch die Publicity stieg

der Verkauf rasant. Und bis dato hat sich am Erfolg der Tasche nichts geändert.

Einen ähnlichen Coup landete auch ein ehemaliger Packer am Hofe Napoleons III. 1854 machte sich Louis Vuitton mit einem kleinen Geschäft selbstständig, das sich auf stapelbares Reisegepäck spezialisiert hatte […]

Oder: […] Die Patin der Kelly-Bag aus dem Hause Hermès war Fürstin Gracia Patricia. Durch die Publicity stieg der Verkauf rasant. Und bis dato hat sich am Erfolg der Tasche nichts geändert. Einen ähnlichen Coup landete auch ein ehemaliger Packer am Hofe Napoleons III.

1854 machte sich Louis Vuitton mit einem kleinen Geschäft selbstständig, das sich auf stapelbares Reisegepäck spezialisiert hatte […]

Übung Setze Absätze dort, wo du sie für richtig hältst. Probiere verschiedene Varianten.

Er hatte – ohne Erfolg, wie meistens – eine halbwegs funktionierende Vene gesucht, da traten schwere Stiefel die Tür ein. Ohne sich zu rühren, blickte er auf. Was er sah, ließ ihm das Blut in den Adern stocken. In den Stiefeln steckte ein Monster. Riesig und ganz aus Schleim. Dann kam wieder Leben in ihn. Augenblicklich vergaß er die Vene. In Panik hechtete er durch das geschlossene Fenster. Leider hatte er auch vergessen, dass er im siebten Stock wohnte. Im letzten Moment bekam er die Feuerleiter zu packen. Nachdem er sich übers Geländer gezogen und ein paarmal durchgeatmet hatte, bemerkte er die Gruppe Passanten unter sich. Dann bemerkte er, dass er nackt war. Doch für Scham war keine Zeit. Denn kaum dass er mit viel Glück und ohne einen Faden am Leib dem Monster entkommen war, prasselte auch schon ein Pfeilhagel auf ihn nieder. Es war wirklich nicht sein Tag.

Das Takt-Gefühl

Memo an Dr. Knut Sonnenfels

SO NICHT Die Entdeckung der Stille, mein Resümee:
Erster Tag. Lauter Schwestern. Mit so Hauben. Weiße. Wohl fühl ich mich nicht. Das wird schon, sagen sie. Klosterfrieden. Na ja. Was ist da links? Aha. Eine Tür. Wohin –? Wurscht. Schreit da wer? Überall diese Mauern. Wo ist mein Auto? Brauch's eh nicht. Fahrverbot. Ich soll ruhiger werden. Entschleunigen. Bin eh schon ruhig. Total ruhig bin ich.

Zweiter Tag. Ich wache auf. Zimmer dreizehn. Das auch noch. Einen Alptraum hab ich gehabt. Und ihn geglaubt. Bis Mittag. Ich höre Stimmen. Aus dem Hof. Laut. Frühstück. Gut war's, sage ich. Bin nicht sicher, ob man im Kloster so lügen darf. Aber essen ohne reden. Gewöhnungsbedürftig. Glucksen. Schmatzen. Alles hört man. Bäuche sprechen. Die Stille verzeiht nichts. Ich streiche ziellos durchs Kloster. Da fällt mir ein, ich hab kein Geld. Die Erkenntnis ist sinnlos. Weil ich auch keins brauche. Ich fahre trotzdem ins Dorf. Zum Bankomaten.

Dritter Tag. Wieder so ein Traum. Ich hatte eine wilde Affäre. Mit dem jungen Helmut Berger. In einem Liebesnest. Nur erreichbar über eine schmale, steile Treppe. Unten Karlheinz Hackl. Vor Eifersucht schäumend. Mit einem Landrover. Baut sich auf vor dem Haus und brüllt: Jetzt hungere ich dich aus, du Hurensohn! Mir ist schon viel besser. Viel, viel besser.

Vierter Tag. Wandern. Ich bin ein Suchhund geworden. Über Nacht. Mörder Geruchssinn. Kommt von der inneren Ruhe, sagen die Klosterschwestern. Ich rieche Wildschweine. Vermutlich rede ich daheim mit meinem Hund. Apropos. Daheim. Ich sollte herausfinden, wo das ist. Hab schon eine Ahnung. Seh's vor mir. Fast. Als Psychiater sind Sie Ihr Geld wert, Doktor.

Stilletag. Meine Zunge. Schmeckt, als hätte ich gestern den Turnsaal aufgeschleckt. Aber sonst. Alles ruhig. Besonders ich. So ruhig. War ich noch nie. War Rad fahren. Vierzehn Kilometer. Lauter Berge. Scheiß drauf. Keine Luft zum Reden. Na und? Darf eh nix sagen. Wollte einen Kaffee. Mokka. Aber nicht kurz. Vorm Lokal spricht mich wer an. Spenden-Keilerin. Von Amnesty International. Ich winke ab. Stilletag, sag ich. Muss ruhig sein. Bin eh ruhig. Sorry. Ciao. Sie schaut mich an. Lächelt. Geht. Dreht sich um. Sagt: Der war gut.

Sechster Tag. Geht mir gut. Sehr gut. Schau in den Wald. Super. Extrem ausgeglichen. Innen. Der Förster huscht vorbei. Eine Stunde spazieren. Ganz langsam. Komm an der Rezeption vorbei. Internet. Hätt ich reinschauen können. E-Mails checken. Und? Gar nichts. Bin ins Zimmer. Lesen. Fernschauen. Lesen. Licht aus.

Siebter Tag. Bin ein neuer Mensch. Zahlen. Abfahrt. Tolle Therapie. Und heute geh ich auf ein Rave. Ganz gemütlich.

> *Musik wird oft nicht schön gefunden.*
> *Weil sie stets mit Geräusch verbunden.*
> Wilhelm Busch

Was heißt überhaupt Takt-Gefühl?

Der Trick ist, den richtigen Sprachrhythmus zu finden. Mitunter gibt das Thema den Sprachrhythmus vor. Ein Feature über ein Autorennen schreibt man vermutlich anders als einen inneren Monolog über die Zeitlosigkeit. Ein Porträt über eine Person mit atemlosem Sprachrhythmus wird in den O-Tönen nicht salbungsvoll klingen. Durchbricht man dieses Prinzip, sollte es einen guten Grund dafür geben. Rhythmusänderungen sind legitim, wenn sie inhaltlich notwendig, fürs Tempo in der Dramaturgie wichtig oder als Kontrast spannend sind.

Der Sprachrhythmus ist ein Markenzeichen des eigenen Stils. Es ist eine Art inneres Metronom. Hat man den Rhythmus gefunden, ist der Autor daran erkennbar. Die Stilmittel dazu sind zahllos. Den einen identifiziert man anhand seiner Satzstellungen, den anderen an seiner atemlosen Schreibe, der dritte ist für seine elegischen Schilderungen berühmt. Den persönlichen Rhythmus zu finden ist eine langwierige Übung. Und gelingt nur durch Schreiben. Wie man sich beim Tanzen der Musik hingibt, überlässt man sich beim Schreiben der Sprache.

Trotzdem ist es wichtig, das Tempo zu wechseln, um dem Text eine eigene Spannung zu geben. Beim Schreiben immer voll auf dem Gas zu stehen, macht den Leser atemlos und wird ihm mit der Zeit zu viel. Er braucht Ruhephasen. Die gönnt man ihm mit längeren Sätzen, die immer etwas verlangsamen. Andererseits fallen ihm die Augen zu, wenn nichts weitergeht. Er braucht Action. Man füttert ihn mit Satzfetzen, die immer beschleunigen.

Schau dir andere Autoren an und versuche ihr System herauszuhören. Manchmal kannst du sogar verschiedene Musikrichtungen erkennen. Der eine klingt wie ein Rapper, der andere wie ein Freund der Klassik, der dritte wie ein verzweifelter André Heller.

Um dir selber auf die Schliche zu kommen, liest du dir am besten einen deiner Texte laut vor. Kümmere dich dabei nicht um den Inhalt, hör nur auf den Rhythmus deiner Sprache. Arbeitest du immer mit gleich langen Sätzen, die vielleicht in einem Dreierrhythmus von einem kurzen Satz durchbrochen werden? Wo setzt du deine Stopper? Gibt es eine besondere Tonalität, die wiederkehrt? Oder entsetzt dich deine Zwölftontechnik?

Das schlechte Beispiel

Er hatte lange Haare und graue Schläfen. Er hatte einen Bart, er hatte keine Krawatte.

Das gute Beispiel

Er hatte lange Haare. Er hatte graue Schläfen. Er hatte einen Bart. Eine Krawatte hatte er nicht.

Das schlechte Beispiel

Er wurde gehetzt, man jagte ihn, er wurde verraten und bedrängt. Bespitzelt wurde er auch. Er kam aber davon.

Das gute Beispiel

Er wurde gehetzt und gejagt, verfolgt und verraten, bedrängt und bespitzelt, aber er kam davon.

Das schlechte Beispiel

Ein Mann, der Tschechow einfach nur zum Spaß liest, steht mit seinem Humor in Hollywood ziemlich allein da.

Das gute Beispiel

Ein Mann, der Tschechow einfach nur zum Spaß liest, steht ziemlich allein da mit seinem Humor in Hollywood.

Das schlechte Beispiel

Die einen halten ihn für eine Art Jean-Paul Sartre und vergleichen so jemanden wie Ernest Hemingway mit ihm. Die anderen sagen, dass er ein Arschloch sei, aber als Schreiber gut. Er mag die Theaterstücke von Sartre, nichts schätzt er von Hemingway, er nickte nur kurz, als ihn der »Express« mit dem Arschloch konfrontierte.

Das gute Beispiel

Die einen vergleichen ihn mit Jean-Paul Sartre und Ernest Hemingway. Die anderen sagen, er sei ein Arschloch, aber ein guter Schreiber. An Sartre schätzt er nur die Theaterstücke, an Hemingway gar nichts. Und als der »Express« ihn mit dem Arschloch konfrontierte, nickte der gute Schreiber nur kurz.

Das schlechte Beispiel

Das Ambiente war ganz nach seinem Geschmack: das Wetter prächtig, die Gäste illuster, die Diener vornehm.

Das gute Beispiel

Das Ambiente war ganz nach seinem Geschmack: das Wetter prächtig, die Gäste illuster, vornehm die Diener.

Das schlechte Beispiel

Die römische Abgeordnete Cicciolina sagt: »Ich sympathisiere mit den Linken, weil sie Schweinchen im Bett sind.« Das kann man ehrliche Politik nennen. 2238 Männer habe sie geliebt, sagt sie auch. Für sie eine hingebungsvolle Recherche. Julio Iglesias schmeichelt sich selber, dass er jede Woche vier Frauen habe. In einem Sex-Tagebuch verteilt er sogar sorgfältig Noten. »Ich hatte 388 Seitensprünge«, beteuert er weiter. An Tagebucheintragungen macht das insgesamt

4000. Warren Beatty hat zu rechnen aufgehört irgendwann. Was haben die internationalen Schichtarbeiter auf der Bettstatt der Liebe gemeinsam? Keine angewandte Mathematik. Jede Hemmung fehlt ihnen.

Das gute Beispiel

»Ich«, sagt die römische Abgeordnete Cicciolina, »sympathisiere mit den Linken, die sind Schweinchen im Bett«. Das ist ehrliche Politik. »Ich«, erklärt sie weiter, »habe 2238 Männer geliebt«. Das ist hingebungsvolle Recherche. »Ich«, schmeichelt sich Julio Iglesias, »habe jede Woche vier Frauen«. Das hält er in einem Sex-Tagebuch fest und verteilt sorgfältig Noten. »Ich«, beteuert er weiter, »hatte 388 Seitensprünge«. Das macht insgesamt 4000 Tagebucheintragungen. Und Warren Beatty hat irgendwann zu rechnen aufgehört. Was die internationalen Schichtarbeiter auf der Bettstatt der Liebe gemeinsam haben, ist nicht nur angewandte Mathematik. Was sie eint, ist das, was ihnen fehlt: jede Hemmung.

Also.
Komponiere für den Leser.
Hör auf deine innere Stimme, sie diktiert dir die Tonart.
Lausche, dein Thema gibt dir den Takt vor.

- Mit dem Sprachrhythmus setzt du dich im Ohr des Lesers fest.
- Schreibe so, dass es sich harmonisch liest.
- Schreibe keine Experimentalmusik, schreibe einen Hit.
- Mit dem richtigen Rhythmus kannst du selbst bei langen Sätzen den Takt halten.
- Mach den Sprachrhythmus zu einem Merkmal deines Stils.

Auf die Art arbeitest du wie **Stanislaw Jerzy Lec**:
Ich wollte der Welt nur ein einziges Wort sagen. Da ich es nicht konnte, wurde ich Schriftsteller.

● Achte bewusst auf den Sprachrhythmus anderer Autoren. Wie arbeiten sie? Wo setzen sie ihre Störer? Wo machen sie Tempo? Wann bringen sie Ruhe in ihren Text? Wo überraschen sie mit Pausen?

● Nimm dir Anleihen aus den Sprachrhythmen anderer Autoren. Probiere ihre Technik aus und entscheide, ob sie auch für dich was ist.

● Beim Sprachrhythmus gibt es keine Wertung. Keiner ist besser als der andere. Wichtig ist nur, dass er durchgehalten, für den Leser erkennbar und damit harmonisch ist. Auch mit seinen Störern, Pausen und Rhythmuswechseln.

Übung 1 Schreibe einen kurzen Text über einen Mann und eine Frau, in denen das Gefühlschaos tobt. In ihm prallen Angst und Freude aufeinander, in ihr kämpft die Vorsicht mit der Leidenschaft. Arbeite mit Satzfetzen und Comicsprache.

Übung 2 Schreibe einen kurzen Text über einen Autounfall. Arbeite bewusst mit einem sehr ruhigen Sprachrhythmus.

Das Versteck-Spiel

Von der Zensur genehmigt

SO NICHT

Ich kann mit ihm über alles reden.[1] Wann immer ich ihn brauche, kann ich ihn anrufen.[2] Er ist immer für mich da.[3] Mit ihm kann ich Zeit und Raum vergessen.[4] Er ist nützlich.[5] Er teilt alles mit mir.[6] Er hält mir vieles vom Leib.[7] Mit ihm lässt sich's leben.[8] Fußnoten:

1) Kaum schneide ich ein Thema an, fällt ihm schon ein anderes ein und es entspinnt sich ein interessanter Monolog. Er hat erkannt, dass ich eine schweigsame Natur bin, und nimmt Rücksicht darauf. Wenn ich etwas Wichtiges zu melden haben, merke ich es mir und erzähle es am nächsten Tag meiner besten Freundin.

2) Seine Sekretärin erklärt mir jedes Mal, dass sie keine Ahnung hat, wo er ist. Die nette Stimme auf seiner Mailbox gibt mir automatisch Auskunft, dass dieser Anschluss zurzeit nicht besetzt ist. Und seine Mitarbeiter fragen mich, ob er denn schon aus Amerika zurück ist.

3) Wenn er nicht im Ausland ist, arbeitet er, wenn er nicht arbeitet, ist er tot, wenn er nicht tot ist, spielt er Tennis, und wenn er nicht Tennis spielt, ruft er mich sofort an. Die drei Wochen dazwischen kann ich ungehindert darüber nachdenken, wie er eigentlich ausschaut.

4) Er hat so was wie eine innere Uhr, die ihm genau sagt, wann es wieder einmal Zeit für mich wäre. Dass sie sich nicht an der mitteleuropäischen Zeitmessung orientiert, kann ein flexibles Wesen wie mich nicht aus dem Rhythmus bringen, manchmal wache ich schon von allein um zwei Uhr Früh auf. Da ich dann selten wieder einschlafen kann, verbringe ich den Rest der Nacht mit ihm. Es ist schön, einem Menschen immer nah sein zu können.

5) Jeden Morgen macht er das Frühstück. Er mag keinen Kaffee, also bekomme ich keinen und lebe weitaus gesünder.

6) Er schenkt mir seine Sorgen und kriegt dafür meine Freude.

7) Wenn einer meiner Verehrer anruft, sagt er immer, ich bin nicht da.

8) Ich habe endlich jemanden, für den ich kochen kann, und wenn ich einsam bin, lässt er mich taktvoll allein.

Geistreich sein heißt, sich leicht
verständlich zu machen, ohne deutlich zu werden.
Jean Anouilh

Was heißt überhaupt Versteck-Spiel?

Der Trick ist, auch den Platz zwischen den Zeilen zu füllen. Es bedeutet, dem Text eine zweite, eine tiefere Ebene zu geben. Eine, die sich der Leser vielleicht länger merkt als das, was dasteht.

Zwischen den Zeilen zu schreiben, ist eine der schwierigsten Künste im Umgang mit der Sprache. Es zeigt nur den Ausschnitt eines Bildes. Es ist, als hättest du dir vorgenommen, ein Loch zu schreiben. Ein Loch ins Nichts. Denn noch hat es keine Materie – keinen Text – um sich, aus dem seine Ränder bestehen werden. Was ist das Wesen eines Loches? Kurt Tucholsky sagt: »Ein Loch allein kommt nicht vor.« Es entsteht nur durch das, was rundherum ist. In deinem Fall ist rundherum das, was du sagen willst, sollst, darfst. Der Inhalt des Loches ist zwischen deinen Zeilen zu finden. Du musst nur wissen, was dort stehen soll.

Zum Beispiel etwas, das zu heikel ist, um geradeheraus gesagt zu werden. Oder zu peinlich, zu schrecklich, zu kitschig, zu anrüchig, zu platt, zu beleidigend. All das kann man wunderbar so zwischen den Zeilen verstecken, dass der Leser es auf jeden Fall findet. Es ist, als müsste man an der Zensur vorbeischreiben.

Für das Versteck-Spiel brauchst du kein Schwert, sondern die feine Klinge. Es hat natürlich was mit Ironie zu tun. Und der Grat zwischen Schmunzeln und Penetranz ist ganz schmal. Leser, die den feinen Spott nicht mitgekriegt haben, sollen sich trotzdem wohlfühlen und das Gefühl bekommen, alles verstanden zu haben.

Das schlechte Beispiel

Der Bürgermeister erweckte gern den Eindruck, jeden in der Stadt persönlich zu kennen.

Das gute Beispiel

Der Bürgermeister war mit mehr Menschen per du, als er kannte.

Das schlechte Beispiel

Sie hat keinen Sinn für Humor. Er auch nicht.

Das gute Beispiel

Sie hat keinen Sinn für Humor. Eine Eigenschaft, unter der auch er zu leiden hat.

Das schlechte Beispiel

Sie ist seit sechs Uhr auf den Beinen. Das ist anstrengend.

Das gute Beispiel

Sie ist seit sechs Uhr auf den Beinen. Das ist nicht nur für sie anstrengend.

Das schlechte Beispiel

Das hätte Zeit und Kosten erspart. Und dem TV-Sender eine aktuelle Sendung ermöglicht.

Das gute Beispiel

Das hätte Zeit und Kosten erspart. Und eine aktuelle Sendung wäre auch nicht das Schlimmste gewesen, was der TV-Station hätte passieren können.

Das schlechte Beispiel

Sie ist fürs Prominenten-Reiten wie geschaffen, sie sieht aus wie ein Pferd.

Das gute Beispiel

Sie hat ein stark längliches Gesicht, schöne große Zähne und Stirnfransen. Sie ist gut gebaut, hat wunderschöne Fesseln und eine blonde Mähne. Fürs Prominenten-Reiten ist sie wie geschaffen, denn sie besitzt zwei Pferde und ein Haus im Burgenland.

Also.
Gib deinem Text einen Unterton.
Überliste die Herkömmlichkeit.
Arbeite mit Doppeldeutigkeit.

- Zwischen den Zeilen kannst du das mitschwingen lassen, was du sagen willst, aber nicht schreiben darfst.
- Zwischen den Zeilen hast du viel Platz für Ironie.
- Zwischen den Zeilen zu schreiben, spart Zeilen.
- Etwas sichtbar auszulassen, regt die Fantasie des Lesers an.
- So kannst du jemanden dezent loben oder elegant beleidigen.

Auf die Art arbeitest du wie **William Makepeace Thackeray**:
Die beiden anziehendsten Möglichkeiten eines Schriftstellers sind es, Neues in vertrautem Licht und Vertrautes in einem neuen Licht zu zeigen.

● Um etwas zwischen den Zeilen zu verstecken, kannst du praktisch alle Regeln brechen, die dir das Handwerk an präziser Formulierung vorschreibt. Vor allem: Drücke dich absichtlich vage aus, damit gibst du dem Leser den Spielraum für genau die Fantasie, die du ihm ohne Worte vorgeschrieben hast.

● Arbeite mit der Doppelbedeutung und der Doppelbödigkeit. Schaffe mit deinen Sätzen ein Umfeld für deine ironisch gemeinte Formulierung. Wenn du es richtig hinkriegst, wird der Leser genau das Gegenteil von dem verstehen, was dasteht. Ein böses Beispiel: Bei so einer großen Verwandtschaft wie unserer trifft man sich am häufigsten zu Begräbnissen. Wir würden uns freuen, dich bei der nächsten Beerdigung auf dem Friedhof zu sehen. Du unter uns. Was für eine Freude.

● Nutze die doppelte Verneinung. Es ist ein Unterschied, zum Beispiel festzustellen: Seine Gesten waren psychologisch interessant. Oder zu sagen: Seine Gesten waren psychologisch nicht uninteressant.

● Es gibt einzelne Worte, die die Bedeutung eines Satzes richtiggehend umdrehen können: durchaus, möglicherweise, vermutlich, vielleicht, anzunehmen, dass … Sie können leisen Zynismus suggerieren. Zum Beispiel: Der Film war erfolgreich. Im Gegensatz zu: Der Film war durchaus erfolgreich.

● Übertreibe maßlos. Damit kannst du eine Aussage relativieren. Zum Beispiel: Seine Pranken sahen aus wie etwas, das einmal Tokio angreifen könnte.

● Untertreibe maßlos. Damit kannst du eine Aussage stärken. Zum Beispiel: Über die Venus von Willendorf kann man sagen, sie sei leicht überwuzelt.

Übung 1 Versuche dich in der Kunst der Ironie. Angenommen, du wirst von einer Zeitschrift gebeten, zwanzig gute Vorsätze fürs Beziehungsleben zu formulieren. Auf satirische Art. Das Briefing des Chefredakteurs lautet: Im neuen Jahr wird alles ganz anders. Die Männer haben sich was überlegt, um bessere Menschen aus sich zu machen. Ein Beispiel zum Anhalten: Ich werde ihr nie mehr Vorwürfe machen. Außer es handelt sich um die Bereiche Haushalt oder Geld oder Kinder oder Sex oder ihre Freundinnen.

Übung 2 Schreibe einen kurzen Text zum Thema: Sex mit Hirn. Gemeint ist folgendes Szenario:
Ein Paar sitzt in einem Lokal und kann kaum die Finger voneinander lassen. Um Erregung öffentlichen Ärgernisses zu vermeiden und trotzdem so was wie Sex zu haben, verkehren sie geistig miteinander. Man nennt es Mind-Fucking. Beschreibe, wie das geht.

Die End-Fertigung

Bericht aus dem Rotstift-Milieu

Sicher ist überhaupt nur eines: Wahr ist viel mehr.

~~Trotz meiner langjährigen Beobachter-Rolle dieses seltsamen Geschlechtes, das uns ebenso viel Verstand und Schlaf raubt, wie es uns in den Wahnsinn und ins Verderben treibt, bin auch ich immer noch sehend ins Glück gerannt und habe mich im Labyrinth der Sinne zielsicher zum falschen Ausgang verlaufen. Und wir waren gescheit genug, aus all dem nichts zu lernen.~~

~~Denn ganz hinten in unseren Köpfen, in denen so viele wahre Abenteuer wohnen, gibt es einen Platz für die ganze Wahrheit, die uns so oft das halbe Vergnügen gekostet hat: Es wird nie funktionieren, dieses Zusammenleben mit denen.~~

~~Stellen Sie sich doch einmal vor, dieser Traum von der Eintracht der Geschlechter erfüllte sich. Man ließe sich von einem Mann kennenlernen, man lehrte ihn lieben, und dann verbringt man den Rest seiner Tage in der ereignislosen Sicherheit, dass das alles gewesen ist. Kein exzessverdächtiger One-Night-Stand, und sei es nur seiner. Kein nervenzerfetzender Seitensprung, und seien es nur ihre Nerven. Keine donnernde Leidenschaft, und sei es nur der Donner in seinen Lenden. Das Leben wäre so monoton, wie es die Monogamie diktierte.~~

~~Danke, liebe Männer, dass ihr uns das Leben schwermacht. Sonst wären wir am Ende nur leichte Mädchen. Danke, liebe Natur, dass dir die Katastrophen nie ausgehen. Sonst stünden wir bloß vor einer einzigen. Danke, lieber Gott, dass du bei der Erschaffung der Männerwelt die Gebrauchsanweisung vergessen hast. Sonst wären uns die riesigen Nebenwirkungen schon vorher so klar gewesen, dass wir jede Vermehrung verweigert hätten.~~

Man muss seine Lieblinge töten.
Ernest Hemingway

Was heißt überhaupt End-Fertigung?

Der Trick ist, den Text so zu lesen, als wäre er von wem anderen.

Es ist das letzte Kapitel. Und das schönste. Der letzte Punkt der ersten Fassung ist gesetzt. Der rote Faden stimmt. Jetzt geht es darum, alles Unnötige zu entfernen und alles Unhübsche zu ersetzen. Lies dir den Text laut vor und kümmere dich um die Stellen, über die du stolperst. Sie müssen zuerst repariert werden. Manche lassen sich retten, manche müssen geopfert werden.

Sind Formulierungen dabei, die dir sehr ans Herz gewachsen sind, sammle sie. So ein Pool an übrig gebliebenen Wort-Schätzen macht sich bezahlt. In einem späteren Text sind sie vielleicht genau das, wonach du suchst.

Beim zweiten Durchlesen überprüfst du, wo dir die Sache zu flau, zu flach und zu fad erscheint. Nicht jeder Satz soll ein Kunstwerk sein, der Leser braucht auch seine Pausen.

Der dritte Durchgang sollte nach Möglichkeit einen Tag nach den ersten beiden Check-ups stattfinden. Da hat sich die Betriebsblindheit ein bisschen gelegt, man hat ein schärferes Auge für die letzten Unebenheiten.

Also.
Lass deinen Text abliegen.
Feile und kürze.
Gib deinen Worten den letzten Schliff.

- ❧ Beim Redigieren räumst du dem Leser die letzten Stolpersteine aus dem Weg.
- ❧ Suche nach sprachlichen Hoppalas und logischen Fehlern.
- ❧ Schreib rein, was noch fehlt.
- ❧ Nimm raus, was zu viel ist.
- ❧ Es ist die letzte Chance, komplizierte Textstellen zu vereinfachen.
- ❧ Es ist die letzte Chance, deinen Text eine Klasse besser zu machen.

Auf die Art arbeitest du wie **Max Frisch**:
Schreiben heißt, sich selber lesen.

- Beim Redigieren liest man irgendwann über die letzten verbleibenden Fehler drüber. Bitte einen Außenstehenden, deinen Text durchzulesen.
- Sei nicht beleidigt, wenn jemand beim Gegenlesen deine Lieblingsstellen beanstandet. Vielleicht sind sie doch nicht so gut, wie du glaubst.
- Überprüfe, ob du dich nirgends in eine Sackgasse geschrieben hast und ob deine Übergänge von einem Gedanken zum anderen stimmen.
- Vergleiche das, was du geschrieben hast, mit dem, was du schreiben wolltest.
- Tu nicht zu viel des Guten. Du kannst einen Text auch zu Tode redigieren. Oder läufst Gefahr, die Geschichte sieben Mal neu zu schreiben.

Übung Redigiere folgende Szene.

Gelähmt.

Für den Bruchteil einer Sekunde kann sich Jack nicht bewegen. Er starrt in das Loch hinunter, paralysiert, sieht, wie Jackie fällt, und sein Blick brennt ein Loch in die Zeit.

Jackie ist eingetaucht in das braunschwarze Nichts des Kanalsystems. Jack spürt die Gegenwart. Sie sind auf der Flucht. Und der einzige Ausweg führt hinunter. Das Brennen an den Handballen spürt er gar nicht, als er in das Brackwasser eintaucht.

Unter Wasser. Er tastet nach Jackie. Wo, zum Teufel – eine Hand. Er greift ihre Hand, zieht sie heran, umfasst Jackie bei den Hüften und schwimmt mit ihr ungeschickt nach oben. Beide ringen sie nach Luft, wie Taucher nach einer Apnoe-Weltmeisterschaft. Dumpf hören sie von oben Projektile gegen den Kanaldeckel schlagen. Für den Augenblick sind sie in Sicherheit.

Wie geht's deinem Arm?, fragt Jack.

Vielleicht nicht die beste Basis zum Boxen, sagt Jackie, die Schusswunde über ihrem Ellbogen klafft. Jacks Schmunzeln kann sie auch in der Finsternis sehen.

Wir stecken ganz schön in der Scheiße, hm?

Ja, sagt Jackie, kann man so sagen. Ich glaub, wir müssen hinunter. Weiter. Auch uns vorantreiben.

Jack überlegt kurz. Er war nie ein besonders guter Schwimmer, und jetzt müssen sie sich irgendwie einen Weg durch das Abwassersystem bahnen. Er hat kein gutes Gefühl.

Wir tauchen gemeinsam, sagt er. Hol tief Luft. Beide saugen Sauerstoff ein, als hätten sie noch maximal drei Minuten zu leben. Sie saugen die Luft ein und tauchen ab in die Ungewissheit.

Mit ihrer unverletzten Hand tastet Jackie gegen Mauern, nichts als Mauern. Jack dreht sich im Kreis und versucht mit Händen und Füßen tiefer zu tauchen. Ich hätte nicht so viel rauchen sollen, denkt er. Er denkt das nicht bei sich, sondern einfach so. Weil die Luft knapp wird. Aber er taucht nicht auf. Weil mit der linken Hand spürt er den Eingang zu einem Tunnel, und durch genau diesen Tunnel tauchen die beiden jetzt durch.

Jackie ist es egal. Das Licht am Ende des Tunnels wird weiß sein, denkt sie. Das kann alles und nichts bedeuten. Alles wär mir lieber. Ihr Arm sticht und erinnert sie daran, dass sie noch lebt.

Was für einen langen Atem Jack plötzlich hat. Er zieht sie hinter sich her durch die Kloake, ihre Hand in seiner wie in einem Schraubstock. Die Flucht hat ihn verändert. Er denkt. Anders als früher. Er denkt mehr an sie. Er. Der Egoist. Wenn man ihn was bittet, nickt er. Wenn man am Ende ist, tut er was. Ich hätte mir schon viel früher in den Arm schießen sollen.

Ich könnte meine Lungenflügel benutzen, überlegt Jackie. Die Luft ist draußen, sie sind arbeitslos. In ihrem Hirn wird's langsam geräumiger. Gar nicht übel, so ohne Sauerstoff. Sie stellt sich vor, wie ihre

Lungenflügel aus ihr herauswachsen, sich ausbreiten, sie tragen. Gerade als Jackie sich freuen will, setzt ihr Herz aus.

Nichts schmerzt und doch tut alles weh. Die Kloake säuselt Vivaldi. Sie will sich mit der Hand eine Haarsträhne aus der Stirn streichen, als ginge dann das Denken leichter, aber sie findet sie nicht. Jack hat sie, erinnert sie sich. Fließt noch Blut in mir?, fragt sie sich.

Ich hab's nicht mehr so mit der Wirklichkeit, will Jackie sagen, aber das ekelige Wasser, das ihr beim ersten A in den Mund rinnt, dreht ihr so den Magen um, dass sie fast wieder atmen will. Treibt mich nicht ins Jetzt, schreit sie ohne einen Ton. Das Jetzt ist so hässlich. Die Dämonen, die sie umtanzen, lockern ihren Griff nicht. Mit Dämonen musst du dich verbünden, hat Jack gesagt. Jack kennt sich aus mit Dämonen. Du musst leise mit ihnen reden, hat Jack gesagt. Dann fühlen auch sie was. Lasst mich nicht allein, flüstert Jackie. Und schon gehorchen sie.

Summertime säuselt das Wasser jetzt. Jackie hört es, und die Dämonen sind gnädig. Sie lassen sie, wo sie ist. Egal, denkt Jackie, ich werd's sowieso nicht mehr erleben.

Ein Blitz fährt ihr durch die Schulter. Die, an der der Arm hängt, aus der die Hand wächst, an der Jack reißt. Irgendetwas hat ihm Angst gemacht. Er ist so damit beschäftigt, sie durch den Tunnel zu ziehen, dass ihm nicht auffällt, wie sie schwerer wird. Sich längst nicht mehr bewegt. Mit der Hand, an der er sich an der schlierigen Mauer entlanggehantelt hat, greift er ihr unter die Achseln und hebt sie hoch. Ihr Kopf fällt langsam in den Nacken. Wenn die Götter dich strafen wollen, erhören sie deine Gebete.

»Und jetzt?«
»Rotwein.«

ANHANG

Auflösung der Übungen

Fast ein Vorwort

Übung Finde Synonyme für das Wort sterben:

Lösung Richtig ist: das Zeitliche segnen, entschlafen, dahinscheiden, für immer einschlafen, umkommen …

Gängige Sprachbilder sind: dem Sensenmann begegnen, über den Jordan gehen, in die ewigen Jagdgründe eingehen, das Leben aushauchen, den letzten Atemzug tun …

Vergiss nicht die Umgangssprache: abkratzen, verrecken, krepieren, die Patschen strecken, ins Gras beißen, den Löffel abgeben …

Vergiss nicht die unfreiwilligen Arten zu sterben: getötet werden, umgebracht werden, ermordet werden, ersticken, erschossen werden, verbluten, verbrennen, ertrinken, um die Ecke gebracht werden …

Falsch ist: die Radieschen von unten anschauen, im Leichenschauhaus landen, im Sarg liegen, vors Jüngste Gericht treten … Das sind keine Synonyme für sterben, da ist man schon tot.

Auf dem Sterbebett liegen, die Letzte Ölung bekommen … Das sind keine Synonyme für sterben, da könnte man sich noch einmal erholen.

Da geht das Licht aus. Das Ende ist da. Man sieht das weiße Licht. Das sind keine Nennformen wie sterben, das sind ganze Sätze.

DAS HANDWERK DES SCHREIBENS

Weg mit dem Amtsdeutsch

Übung Was wollte uns der Autor mit diesen Worten sagen? Streiche alles, was dir unverständlich ist. Was bleibt über? Und vor allem: Was ist die Hauptaussage?

An diesem Beispiel ist der existenziell gefühlte Kontrast zwischen der postmodernen Interpretation des Egalitätsbestrebens einer degenerierten und nur projektiv hyperaktiven soziologischen Gruppe von Individuen und der Demaskierung ihrer kollektiven und damit non-subversiven Aktivitäten zur Diminuierung der Tendenz, ihre inexistenten Divergenzen zu demonstrieren, deutlich sichtbar, wobei die intergalaktisch äußerst infantile, aber extrem plakative Demontage human-artifizieller Phänomene als Sublimierung innerhalb einer pseudo-nonkonformistischen Instant-Sozietät in die blaue Phase der naiv-kapitalistischen Schock-Art einzuordnen ist.

Lösung Der Autor wollte uns mit diesen Worten sagen, dass er gescheiter ist als wir. Unverständlich ist: … der existenziell gefühlte Kontrast zwischen der postmodernen Interpretation des Egalitätsbestrebens einer degenerierten und nur projektiv hyperaktiven soziologischen Gruppe von Individuen und der Demaskierung ihrer kollektiven und damit non-subversiven Aktivitäten zur Diminuierung der Tendenz, ihre inexistenten Divergenzen zu demonstrieren … Und: … wobei die intergalaktisch äußerst infantile, aber extrem plakative Demontage human-artifizieller Phänomene als Sublimierung innerhalb einer pseudo-nonkonformistischen Instant-Sozietät in die blaue Phase der naiv-kapitalistischen Schock-Art einzuordnen ist. Übrig bleibt: An diesem Beispiel ist deutlich sichtbar. Die Hauptaussage: Der Kontrast ist sichtbar.

Hauptsache Zeitworte

Übung 1 Verben wirken. Dieser Text ist formell, von Einschüben vergewaltigt und kommt gestelzt daher. Vereinfache ihn, mach ihn verständlicher und leicht lesbar. Ein neuer Vertrag und jede Menge Ziele: Das ist der primäre Output der EU im heurigen Jahr. In einer langen Nacht kam es zwischen den EU-Staaten zur Verständigung hinsichtlich der Grundzüge des Reformvertrages, der den Kern der Verfassung als Rettungsanker zur Sprache brachte. Jetzt steht die Ratifizierung bevor. Die EU-Ratspräsidentschaft hatte allerdings nicht nur eine Verbesserung des Vertragsklimas, sondern auch eine Art Klimavertrag im Sinn. Beim Vorfühlen im Rahmen des Gipfels fanden die Granden den Beschluss in Bezug auf verbindliche Ziele für den Klimaschutz.

Eine Lösungsmöglichkeit ist: Der Vertrag wurde ausgearbeitet, und klar ist, dass sich da jemand Ziele gesetzt hat. Die EU arbeitet an Lösungen. In einer langen Nacht saßen die Vertreter der EU-Staaten an einem Tisch und besprachen die Grundzüge des Vertrages, um Reformen zu klären. Demnächst wird die Vereinbarung unterschrieben. Worauf es der EU-Ratspräsidentschaft ankommt, ist, die Gesprächskultur zu verbessern und sich auf den Klimaschutz zu konzentrieren. Im Rahmen des Gipfels fühlten die Granden vor, inwieweit verbindliche Ziele aussehen, um die Vorgangsweise dahingehend zu beschließen.

Übung 2 Ersetze die Hauptwortkonstruktionen durch Verben.

Lösung Hier kommst du mit einem Zeitwort aus:
Den Einkauf einholen: einkaufen; Zum Abschluss bringen: abschließen, beenden; Eine Bitte vortragen: bitten; Zur Anzeige bringen: anzeigen; Das Bedürfnis haben: wollen; Den Vortritt lassen: vorlassen; Zur Verfügung stehen: haben; Zur Verfügung stellen: geben; In Misskredit bringen: verunglimpfen, verleumden;

Zwiesprache halten: reden; Achtung entgegenbringen: achten

Hier brauchst du eine Umschreibung:

Sorge tragen: sich sorgen, sich kümmern um, sich vorsehen, auf etwas achten, vorsichtig sein; Den Eindruck vermitteln: scheinen, als ob; Gefühl erzeugen: fühlen lassen; Lob einstreichen: sich loben lassen; In Verzug geraten: sich verspäten, zu spät dran sein; Keine Eile haben: sich nicht beeilen, sich nicht übereilen, entspannt sein

Suche schlichte Worte

Übung 1 Schreib diesen Satz um. Verwende schlichte Worte: Jack fuhr an den rechten Fahrbahnrand, um einen Ausscheidungsakt zu vollführen.

Eine Lösungsmöglichkeit ist: Jack fuhr rechts ran, um zu pinkeln.

Übung 2 Schreibe eine kurzen Text in schlichten Worten zum Thema Grenzüberschreitung. Folgende Szenerie: Ein Mann kommt zu einer Grenze, vor der viele Menschen warten. Er reiht sich in die Schlange ein, die sich nur langsam weiterbewegt. Offenbar traut sich niemand den Schranken zu passieren. Nur der Mann sucht eine Lösung. Lege die Geschichte als Parabel an, in der der Schranken auch die eigenen Grenzen symbolisiert.

Eine Lösungsmöglichkeit ist:

An der Grenze

Es war spätabends, als v. ankam. Grüß Gott, sagt er, wie man halt so grüßt. Niemand gibt Antwort. Ein paar nicken, die wenigsten drehen sich um. Obwohl v. nur ihre Rücken sieht, weiß er, wohin ihre Augen schauen. Auf das Feld, das zugedeckt von frischem Nebel daliegt, wartend. Mittendrin ein Schranken. v. stellt sich an.

Schatten, sagt jemand und hält ihm eine Hand hin, Josef Schatten. Jetzt sind Sie der Neue. Machen Sie sich nichts draus, in ein paar Tagen sind Sie einer von uns. Wie darf ich das verstehen?, fragt v.

Die Zeit dehnt sich, sagt Lisbeth Welk, indem sie hinter Schatten hervortritt. Ich bin schon zwei Jahre da.

Zwei Jahre, denkt v., zwei Jahre und nicht einen Schritt weiter. Der Schranken ruht in der Aufnahmegabel.

Wann ist hier zuletzt wer durchgegangen?, fragt v.

Was meinen Sie mit durchgegangen, sagt Schatten.

Na, rüber, auf die andere Seite, ins weite Feld. v. deutet Richtung Horizont. Wollen wir dort nicht alle hin?, sagt er.

Die zwei schauen ihn an. Hier ist die Grenze, sagen sie, verstehen Sie, unsere Grenze. Der Schranken ist unten, sagt Lisbeth Welk, er öffnet sich nicht.

Von selber, sagt v., warum sollte er.

Sie sind ein komischer Vogel, sagt die Frau. So etwas wie Sie ist mir hier noch nicht untergekommen.

v. fasst das als Kompliment auf. Er geht drei Schritte zurück, um den Blick freizukriegen. Er nimmt Block und Stift aus der Manteltasche. Er schreibt. Wir stehen auf einem riesigen Feld. Neue Zeile. Der Boden ist rissig, gepflügt. Neue Zeile. Ein Schranken mitten im Feld, wir lassen uns aufhalten. Neue Zeile. Die Leute sagen, das ist die Grenze. Neue Zeile. Ist es nicht egal, was die Leute sagen? Der Nebel lichtet sich. v. macht einen Bogen um die Menge. Geht an ihr vorbei. Vor bis zum Schranken. Links und rechts davon ist der Weg frei. Die Grenze ist bloß eine gedachte Linie. v. überschreitet sie. Die anderen schauen ihm nach.

Schreibe in kurzen Sätzen

Übung Sag es mit vier Worten, ohne eine Information wegzulassen: Er gab ihm eine schallende Ohrfeige, in die er mit Bedacht alles Gefühl hineinlegte, das er gegen ihn hatte.

Eine Lösungsmöglichkeit ist: Er ohrfeigte ihn sorgfältig.

Übung 2 Fasse diesen Text in kurzen Sätzen zusammen: Er ergriff das Wort und kam zu dem Schluss, er sehe keine wie immer geartete Notwendigkeit, auf dem Gebiet der Schadensbegrenzung mehr oder weniger gezielt tätig zu werden. Die leidige Angelegenheit sei in einem Stadium der absoluten Regungslosigkeit letztendlich zum völligen Stillstand gekommen. Die einzig verbleibende Art der Reaktion, die noch Hoffnung auf eine mögliche Lösung darstellen könnte, war die Möglichkeit einer nochmaligen Wiederaufnahme der Gespräche zwischen allen Beteiligten; für die handelnden Personen allerdings schlichtweg ein Ding der Unmöglichkeit.

Eine Lösungsmöglichkeit ist: Er sagte, Schadensbegrenzung sei unnötig. Alles stand still. Die Lösung war, die Verhandlungen wieder aufzunehmen. Obwohl das die Gesprächspartner für unmöglich hielten.

Spare mit den Silben

Übung 1 Durchsuche diesen Text nach Wortdreimastern: Die Glatteisbildung war noch niemals so ausgeprägt wie heuer. Gewitterstürme hatten vorzeitig kalte Wetterverhältnisse gebracht. Noch bevor es ihm seine Ehegattin aufoktroyieren konnte, ergriff er die Eigeninitiative, um die Situation vor der Haustür abzuändern. Er war fest entschlossen, aus seinem Garten letztendlich wieder ein Eldorado zu machen.

Lösung Die *Glatteisbildung* ist der kurze Vorgang, bei dem Wasser gefriert. Ist er vorüber, ist es bereits Eis. Zwischen *niemals* und nie gibt es keinen Unterschied, keines ist stärker als das andere. Mache keine Übersetzungsfehler: Ein *Gewittersturm* kommt nur im Englischen als thunderstorm vor, im Deutschen haben wir nur Gewitter. Statt *Wetterverhältnisse* kannst du schlicht *Wetter* sagen. *Vorzeitig* kannst du durch früh ersetzen. Ehe ist küzer als *noch bevor*. Die *Ehegattin* ist doppelt verheiratet, also entweder Gattin oder Ehefrau. *Aufoktroyieren* steht zwar samt Vorsilbe schon im Duden, kommt aber genauso gut ohne aus. Man mag *eigen* sein, ergreift aber trotzdem nur die Initiative. Die Haustür kann in einem Text, aus dem nicht hervorgeht, ob es sich um eine Eingangstür handelt, richtig sein, hier genügt Tür. *Abändern* ist ein Wort, das du ändern solltest. Jemand, der *fest entschlossen* ist, macht immer den Eindruck, man könne ihn noch umdrehen; jemand, der entschlossen ist, meint es ernst. *Letztendlich* kannst du auf letztlich verkürzen oder ganz weglassen. *Das Eldorado* hat sich zwar auch schon in den Duden vorgearbeitet, heißt aber trotzdem Dorado, el ist nur der spanische Artikel.

Ohne die unnötigen Silben liest sich der Text so: Das Eis war noch nie so dick wie dieses Jahr. Ehe es ihm seine Gattin oktroyieren konnte, ergriff er die Initiative, um die Situation vor der Tür zu ändern. Er war entschlossen, aus seinem Garten wieder ein Dorado zu machen.

Übung 2 Welche Wortdreimaster fallen dir noch ein?

Lösung Grundtenor, Grundschema, Rückantwort, Rauchentwicklung, loslösen, Gratisgeschenke, zusammenaddieren, Anschwellung

Übung 3 Was ist eine Osterhasennasenhaarentferneraufladestationsbatteriereinigungssystemsteuerungsstromversorgung?

Eine Lösungsmöglichkeit ist: Das ist das Netzteil der Ladestation eines selbstreinigenden Nasenhaarentferners für Osterhasen.

Fürchte dich vor dem Passiv

Übung 1 Wandle diesen Text ins Aktiv um: Der Starkult wurde mit der »kollektiven Erotisierung im Dritten Reich« verglichen. Nur waren diese Polit-Groupies vom Wunsch getrieben, sich ein Kind vom Führer machen zu lassen und Mutter zu werden, während das Interesse der Rock-Groupies mit einer Nacht im Bett irgendeines Idols erschöpft war. Mit dem Rock 'n' Roll, der geschaffen wurde, damit Mädchen aufs Kreuz gelegt werden konnten, wurde von den Groupies nur ein Ziel verfolgt: Mit Sternchen in den Augen wurden sie vom Schweif aller kometenhaft aufsteigenden Stars magisch angezogen. Und gehofft wurde nur auf eins: auf Musik zwischen den Beinen.

Eine Lösungsmöglichkeit ist: Man vergleicht den Starkult mit der »kollektiven Erotisierung im Dritten Reich«. Nur dass sich diese Polit-Groupies ein Kind vom Führer wünschten, während Rock-Groupies bloß an einer Nacht mit irgendeinem Idol interessiert sind. Mit dem Rock 'n' Roll, dazu geschaffen, Mädchen aufs Kreuz zu legen, folgten die Groupies auch dem Schweif aller kometenhaft aufsteigenden Stars mit Sternchen in den Augen. Und hofften auf Musik zwischen den Beinen.

Übung 2 Schreibe einen kurzen Text über einen Mann, der keinen Fahrschein hat und im Bus von einem Kontrollor erwischt wird. Verwende kein einziges Zeitwort im Passiv. Zusatzaufgabe: Verpacke die Geschichte in eine Rahmenhandlung.
Eine Lösungsmöglichkeit ist:
So stirbt man also, denkt Fritz.
Draußen regnet es; es ist November, möglicherweise der dreizehnte. Fritz hat nicht vorgehabt, aus dem Haus zu gehen. Mein Sohn, denkt er, was macht mein Sohn. Liest er schon den Zettel auf dem Küchentisch. Auf dem steht:
Lieber Constantin,
das Abendessen fällt aus.
Ich habe Leukämie.
Dein Vater.
Fritz schaut aus dem Busfenster. Irgendjemand zieht Häuser draußen vorbei. Ich muss mit ihm reden, denkt Fritz. Wir wollen doch –
»Eine Station noch?« Der Mann, der neben ihm im Bus sitzt, sieht ihn nicht an. Die beiden kennen sich von Kindheit an. Er wird sich auch so an ihn erinnern.
»Ja«, sagt Fritz, «Volksoper.«
Die Hydraulik in den Bremsen übertönt seine Stimme; es klingt wie ein Seufzen. Der Bus hält. Die Türen gehen auf. Ein Mann mit einer Nato-Jacke steigt ein. Er hat ein Feuermal auf der rechten Wange. Gorbatschow, denkt Fritz.
»Gorbatschow«, sagt sein Jugendfreund.
Fritz antwortet nicht.
Die Nato-Jacke kommt näher. Bleibt vor Fritz stehen.
»Fahrschein«, sagt der Kontrollor.
Fritz bewegt sich nicht.
Der Mann neben ihm greift in die Brusttasche. Seine Hand bleibt leer. Er stupst Fritz mit dem Ellbogen an.
»Du hast sie eingesteckt.«
Die Nato-Jacke wartet. Der Bus fährt an.
Fritz sinkt zur Seite, langsam, fast geschmeidig, als schliefe er.
Der Mann neben ihm sieht ihn erstmals an. »Fritz.«
»Fritz?«
Constantin liest den Zettel. Unter dem Küchenfenster fährt ein Bus vorbei.

Arbeite an Wortwiederholungen, verachte sie, spiel mit ihnen

Übung 1 In diesem Text wird viel gehustet. Schreibe ihn um. Vermeide Wortwiederholungen oder setze sie bewusst ein: Immer mehr Kinder erkranken an kindlichem Asthma bronchiale. Zurzeit erkranken in Österreich etwa 20 Prozent der Kinder, in manchen Industriestaaten noch deutlich mehr. Allerdings wird nur ein Bruchteil der Erkrankten diagnostiziert und einer zielführenden Behandlung zugeführt. Mit der richtigen Behandlung kann man Asthma bronchiale in vielen Fällen heilen. Die Frage, warum so viele Erkrankungen nicht erkannt werden, ist nicht leicht zu beantworten. Die Beschwerden sind unspektakulär, bestehen im Wesentlichen aus chronischem Husten, Husten nach Belastung und nächtlichem Husten. Auf Initiative der nö. Lungenfachärzte wurde nun eine Informationsbroschüre erarbeitet, die mit Unterstützung des Landesschulrates an allen Pflichtschulen verteilt wird. Eine Auflage von 160 000 Stück soll gewährleisten, dass möglichst alle Schüler und deren Eltern erreicht werden.

Eine Lösungsmöglichkeit ist:
Ein hinterhältiges Leiden
Asthma bronchiale ist eine Krankheit, die unseren Kindern zusehends zu schaffen macht. Immer mehr Kids leiden an ihr, derzeit sind es in Österreich etwa 20 Prozent, in manchen anderen Industrieländern sogar deutlich mehr. Die Dunkelziffer ist noch weit erschreckender. Schließlich wissen die meisten nicht einmal, dass sie ernstlich krank sind.
Die Chance auf Heilung. Nur ein Bruchteil der Patienten wird diagnostiziert und somit auch richtig behandelt. Dabei kann die Krankheit mit der geeigneten Therapie in vielen Fällen völlig geheilt werden.
Die unverwechselbaren Symptome. Um eine Krankheit in den Griff zu kriegen, muss sie erkannt werden. Doch das ist bei Asthma bronchiale nicht leicht. Die Beschwerden sind reichlich unspektakulär. Eine ganz normale Verkühlung zeigt sich oft mit denselben Symptomen: chronischer Husten, nächtlicher Husten, Husten nach Anstrengung und Belastung. Als Laie kann man kaum zwischen harmloser Grippe und gefährlicher Lungenerkrankung unterscheiden.
Tief Luft holen und helfen. Information ist der erste Weg zur Besserung. Je mehr Eltern über die Krankheit und ihre ersten Anzeichen Bescheid wissen, desto mehr Kinder können geheilt werden. Die niederösterreichischen Lungenfachärzte haben eine Aufklärungsbroschüre erarbeitet, die mit Unterstützung des Landesschulrates in allen Pflichtschulen verteilt wird. Auflage: 160 000. Ein schönes Stück gesunder Information, die mithilft, dass unsere Kinder wieder durchatmen können.

Übung 2 Spiele bewusst mit Wiederholungen. Wiederhole Satzteile, ganze Sätze, lege den gesamten Text auf Wiederholung an. Das Thema: Schreibe eine Kolumne in der Ich-Form über einen Typen, der sich aufregt. Der erste Satz ist: Er ist aufgeregt, hektisch, auf 180.

Eine Lösungsmöglichkeit ist:
Er ist aufgeregt, hektisch, auf 180. Sein Puls ist seiner Zeit weit voraus. Sein Herz hinkt seinem Rhythmus arg hinterher. Und sein Gesicht ist leicht bläulich. »Ich

sterbe«, vermutet er. Ich gebe ihm natürlich recht. In so einer Verfassung sollte man ihm nicht widersprechen. Er verlangt nach einem Whiskey. Ich gebe ihm Kamillentee. In so einem Stadium merkt er nicht immer, was er zu sich nimmt. Sobald sein Teint ins gesündere Rot abgleitet, ist es Zeit für Fragen wie: Wer? Was? Wann? Wo? Wie? Wohin? und Warum? Ich erwarte einen Monolog über die Trottelviecher, die in dieser Wichserpartie nur zum Arschkriechen ... über Scheißvereine, die in dieser Hurenwelt nur zum Rudelpudern ... und über Luluideen, die in dieser Sauwirtschaft ...

Was sagt er? »Pfau, hast du einen geilen Body an.«

Er ist erregt, haptisch und um 180 Grad anders. Seine Pulsadern treten hervor. Sein Herzschlag setzt kurz aus. Und sein Gesicht ist nahezu violett. »Ich werd verrückt«, ahnt er. Ich gebe ihm natürlich recht. So einen Zustand muss man nutzen. Er verlangt nach mir. Ich gebe ihm keine Zeit, es sich anders zu überlegen. In so einer Phase merkt er immer, wenn man ihn nicht ernst nimmt.

Sobald sein Teint ins erleichterte Rosa abgleitet, ist es Zeit für Ansagen wie: Super! Sensationell! Sagenhaft! Spitze! und Sapperlot! Ich erwarte einen Dialog über die körperliche Liebe, die er in dieser Art noch nie ... über Gefühle, die er nur bei mir ... und über Romantik, die ...

Was sagt er? »Mir ist schlecht.«

Er regt sich nicht mehr. Sein Puls ist kaum zu spüren. Sein Herzrhythmus gestört. Und sein Gesicht ist ausgesprochen grün. »Ich muss mein Leben ändern«, haucht er. Ich gebe ihm natürlich recht. So eine Gelegenheit darf man nicht auslassen. Er verlangt nach einem Priester. Ich gebe auf. In so einer Krise merkt er sich eh nicht, wie man sich benimmt. Sobald sein Teint ins Gelbliche abgleitet, ist es Zeit für Bekanntgaben wie: Na, na! Schon vorbei! und Alles wird gut! Ich erwarte keine Antwort.

Was sagt er? »Du kannst deiner Mutter ausrichten, dass wir am Sonntag nicht zum Essen kommen.«

In mir regt sich langsam der Zorn. Mein Puls rast. Mein Herz flattert. Und mein Gesicht ist lila. »Mir reicht's jetzt«, schreie ich. Er gibt mir natürlich nicht recht. »Mir reicht's«, schreit er zurück, »bist du schwanger, oder was?«

Geize mit den Eigenschaften und mache dir keine Umstände

Übung 1 Welche Pleonasmen fallen dir ein?

Lösung Giftige Kreuzotter; unermessliche Weite; bizarre Klippen; voller Elan, Düsenjet, neu renoviert, Chiffrenummer, runde Kugel, quadratischer Würfel, Zukunftsperspektive, Fußpedal, Glasvitrine, erste Priorität, jüdische Synagoge, tote Leiche, politische Partei, verschickte Sendung, vollendete Tatsachen, persönlich anwesend, mit eigenen Augen gesehen, junges Mädchen, kleines Kind, das Erste und Einzige …

Übung 2 Streiche alle falschen und überflüssigen Beifügungen in dem Text »Das tragische Liebesdrama der singenden Madonna« am Beginn dieses Kapitels.

Lösung

Das ~~tragische~~ Liebesdrama der ~~singenden~~ Madonna

Die ~~lange~~ Ehe steht vor dem ~~plötzlichen~~ Aus. Die ~~verheiratete~~ Madonna und ~~der ihr angetraute~~ Guy Richie gehen getrennte Wege. Aus ~~vornehmer~~ Rücksicht auf die ~~kleinen~~ Kinder wollen sie »kein ~~furchtbares~~ Drama« inszenieren; das erledigen schon die ~~bösen~~ Medien. ~~Penible~~ Chronik einer angekündigten Trennung. Kalte Herzen schlagen langsamer. Man musste kein herzloser Kardiologe sein, um das ~~schnell~~ zu begreifen, ~~genau~~ zu sehen, wie frostig der ~~kühle~~ Auftritt in ~~im heißen Cannes~~ war. Roter Teppich, ~~freundliches~~ Lächeln vor den ~~weil die gezückten~~ Kameras der ~~ständig fotografierenden~~ Paparazzi ~~nur oberflächliche Äußerlichkeiten zeigen~~. ~~Die schöne~~ Madonna, im ~~passenden~~ schwarzen Kleid, hob ~~anmutig~~ die ~~zarte~~ Hand und probierte ein ~~zaghaftes~~ Winken, ~~der trübselig wirkende Ehemann~~ Guy Richie ging zwei ~~angemessene~~ Schritte hinter ihr, und seine ~~starre~~ Miene war steinern wie bei einer ~~traurigen~~ Beerdigung.

Die ~~große~~ Liebe wird ~~stilvoll~~ zu Grabe getragen. Was einmal ~~schön~~ war, ist nicht mehr ~~gut~~. Und was ~~künftig~~ bleibt, ist die ~~triste~~ Silhouette des ~~schillernden~~ Glücks, ein ~~dunkler~~ Grauschleier. »Die ~~perfekte~~ Ehe hat sich über die vielen Jahre totgelaufen«, sagen enge Freunde. »Mit der ~~künstlerisch begabten~~ Madonna und dem ~~filmisch engagierten~~ Guy ist es ~~endgültig~~ aus. Alles sehr freundschaftlich. Die haben sich einfach ~~komplett~~ entliebt. «

Aber die ~~tolle~~ Show muss ~~äußerlich~~ weitergehen. An der ~~sonnigen~~ Côte d'Azur präsentierte die ~~erfolgreiche~~ Pop-Queen ihren ~~neuen~~ Dokumentarfilm über das ostafrikanische Malawi, »I Am Because We Are«, von ihr ~~bestens~~ produziert und unter der ~~professionellen~~ Regie eines gewissen Nathan Rissman. Das ~~bedeutsame~~ Werk wurde bereits im ~~diesjährigen~~ April beim ~~renommierten~~ Tribeca Film Festival in New York vorgestellt; ein paar ~~begeisterte~~ Fans haben ~~enthusiastisch~~ geklatscht. »I Am Because We Are« dürfte nicht so viel ~~teures~~ Geld einspielen wie der neue »Indiana Jones«, für die ~~menschlich interessierte~~ Madonna allerdings ist's ein ~~ehrliches~~ Anliegen.

Im ~~vorvorigen~~ Oktober 2006 war sie ins ~~heftige~~ Kreuzfeuer der ~~hinterhältigen~~ Yellow Press geraten. Man warf ihr ~~knallhart~~ vor, sie hätte ihren jüngsten Adoptivsohn David Banda ~~aus dem fernen~~ Afrika wie ein ~~bloßes~~ Souvenir mitgenommen, noch dazu soll sie die ~~herrschenden~~ Adoptionsgesetze in ~~im fernen~~ Malawi ~~achselzuckend~~ gebrochen haben. Scheußliche Sache.

So bejubelt ~~die beliebte~~ Madonna in rhythmischen Belangen ist, so katastrophal gestaltet sich ihr ~~privates~~ Liebesleben. ~~Laute~~ Schreiereien gibt es trotzdem nie. Die

~~schlimmen~~ Beziehungskrisen spielten sich immer auf einer subkutanen Ebene ab, gingen unter die ~~weiche~~ Haut. Die sensible Madonna ist überhaupt eher metaphysisch unterwegs, ganz versessen auf die altjüdische Lehre der ~~rätselhaften~~ Kabbala, und die große Indienreise ~~am beginnenden~~ Anfang des ~~heurigen~~ Jahres war für sie eine einzige ~~helle~~ Erleuchtung. Der ~~desinteressierte~~ Guy Richie hat für den ganzen ~~blöden~~ Krempel, wie er ~~lakonisch~~ sagt, wenig über. Er hält sich an handfestere Dinge. ~~Hochprozentigen~~ Scotch zum ~~als erklärendes~~ Beispiel.

Im ~~diesjährigen~~ Februar hat sie ihn ~~unsanft~~ aus dem ~~warmen~~ Bett geworfen, sein strenger Duft hielt sich trotz offener Fenster ~~hartnäckig~~ im ~~kuscheligen~~ Schlafzimmer, als läge man ~~unbequem~~ in einer schottischen Schnapsbrennerei. In ihrem ~~luxuriösen~~ Haus in ~~im regnerischen~~ London leben sie zurzeit, wenn auch unter einem ~~gemeinsamen~~ Dach, so doch in ~~absolut~~ getrennten Bereichen. Und jetzt ist der ~~brennende~~ Ofen aus. Man hat sich schon ein ~~denkbares~~ Szenario für die ~~bittere~~ Zeit nach der ~~baldigen~~ Trennung überlegt: Die ~~dann allein erziehende~~ Madonna zieht mit den ~~armen~~ Kindern Lourdes, 11, Rocco, 7, und David, 2, nach ~~ins großstädtische~~ New York. ~~Der einsame~~ Guy Richie bleibt in ~~im nebligen~~ London und darf die ~~weinenden~~ Kids besuchen, wann immer er ~~wirklich~~ will. ~~Dornige~~ Rosenkriege sollen die anderen verlieren.

Man möge sich an die schönen Zeiten erinnern, sagt die ~~nostalgische Madonna~~. Im ~~in einem früheren~~ September ~~des längst vergangenen Jahres~~ 1998, also vor ~~knapp~~ zehn Jahren, lernte sie ~~den feschen~~ Guy bei einem ~~mehrgängigen~~ Dinner in ~~im nasskalten~~ London kennen. ~~Prominenter~~ Gastgeber war ~~der musizierende~~ Popstar Sting. Bei ~~kostspieligem~~ Hummer im ~~fettigen~~ Speckmantel und ~~vollmundigem~~ Chateau Petrus fand man schnell ~~fein zueinanderpassende~~ Gemeinsamkeiten, er erzählte ein kleines bisschen was über das bunte Tagewerk eines ~~aufstrebenden~~ Produzenten und sie setzte bloß einen ~~gelangweilten~~ Blick auf, der ein ~~tiefes~~ Loch in die ~~vergehende~~ Zeit brannte. Trotzdem war schnell die ~~glühende~~ Liebe entfacht.

Beruflich hat ~~die geniale~~ Madonna sowieso das ~~seltene~~ Midas-Syndrom. Alles, was sie ~~herzhaft~~ anpackt, wird zu ~~glänzendem~~ Gold, abgesehen von ihrem schauspielerischen Engagement. ~~Im zurückliegenden Jahr~~ 1999 hielt sie ihr ~~schönes~~ Gesicht für eine weltweite Kampagne des ~~bekannten~~ Konzerns Max Factor hin. Nach der ~~schweren~~ Geburt ihres ~~lieben~~ Sohnes Rocco im ~~brütenden~~ August 2000 und der ~~anschließenden~~ Hochzeit im ~~etwas kühleren~~ September startete sie im ~~wieder wärmeren~~ Juni 2001 die ~~pompöse~~ »Drowned World Tour«, jedes ~~angekündigte~~ Konzert war ~~bis zum letzten Platz völlig~~ ausverkauft. Im ~~frischen~~ Herbst 2002 kam der ~~coole~~ Song zum ~~spannenden~~ James-Bond-Film »Die Another Day« heraus und wurde zum meistverkauften 007-Titellied aller ~~jemals dagewesenen~~ Zeiten. Die ~~glückliche~~ Madonna spielte mit in dem von ~~vom nicht minder glücklichen~~ Guy Richie gedrehten Film »Swept Away«, leider ein hohles Werk, sprich

~~furchtbarer~~ Flop. Ihrer ~~damals fröhlichen~~ Natur macht das aber nichts. ~~Unangenehmes~~ Scheitern gehöre zum ~~beruflichen~~ Erfolg, sagt sie ~~weise~~.

Privat erkaltete die ~~bis dahin intakte~~ Beziehung ohne große Gründe. Die ~~beiden früher~~ Liebenden lebten sich ~~schleichend~~ auseinander. Die ~~voll ausgelastete~~ Madonna war letztens mit der ~~anstrengenden~~ Produktion ihres neuen Albums »Hard Candy« beschäftigt, während ~~der verzweifelte~~ Guy ~~inständig~~ versuchte, wieder einmal einen guten Film zu machen. Wer zu sehr in der ~~hehren~~ Kunst verstrickt ist, vergisst schnell aufs ~~banale~~ Leben.

Die ~~von den neugierigen Journalisten bestürmten~~ Pressesprecher bemühten sich in den vergangenen Monaten immer wieder ~~redlich~~ zu betonen, dass bei den beiden »alles in ~~bester~~ Ordnung« sei, ~~unwahre~~ Gerüchte über ~~entzweiende~~ Zwistigkeiten seien ~~vollkommen~~ lächerlich. Und jetzt ist es ~~unwiederbringlich~~ aus, was soll's.

~~Die einzigartige~~ Madonna und ~~der verflossene~~ Guy gehen getrennte Wege, ohne dass ~~porzellanene~~ Teller gegen ~~kahle~~ Wände krachen oder ölige Anwälte vor dem ~~unparteiischen~~ Scheidungsrichter ein ~~kindisches~~ Kasperltheater aufführen. Gut so. ~~Die betuchte~~ Madonna hat ~~beachtliche~~ 400 Millionen ~~amerikanische~~ Dollar angehäuft und ist heute reicher als die ~~königliche~~ Queen. Die ~~beauftragte~~ Spedition für den ~~anstehenden~~ Umzug in den ~~riesigen~~ Big Apple ist schon ~~rechtzeitig~~ bestellt. Und ~~streng~~ angewiesen alles mitzunehmen, außer ~~den verlassenen~~ Guy.

Drisch keine Phrasen

Übung 1 Welche Phrasen fallen dir sonst noch ein?

Lösung Das Ei des Columbus; total in; im wahrsten Sinne des Wortes; das Who is Who; der Wettergott war nicht freundlich gestimmt; die Spitze des Eisbergs; die Moral von der Geschichte; etwas unter den Teppich kehren; der Gentleman genießt und schweigt; Scherben bringen Glück; Stein und Bein schwören; der Zahn der Zeit; die Sonnenhungrigen; die Sonnenanbeter; der Tropfen auf den heißen Stein; eine Nasenlänge voraus; ein Ozean der Gefühle; ausziehen, um die Welt zu erobern; die Friedenspfeife rauchen; das Kriegsbeil ausgraben; eine gehörige Portion von; er kämpft wie ein Löwe; eine Madonna für Arme; Marmor, Stein und Eisen bricht; Großstadtdschungel; Fashionvictims; Betonwüste; der Berg kam zum Propheten; mit der Kirche ums Kreuz; in die Nesseln setzen; ins Fettnäpfchen treten; Gipfel der Gefühle; etwas verbreitet sich wie ein Lauffeuer; Mutter Courage; es raschelt im Blätterwald; Übung macht den Meister; Amok laufen; unglaublich, aber wahr; der kleine Mann; der Mann von der Straße; Herr und Frau Österreicher; Otto Normalverbraucher; last but not least; die Letzten werden die Ersten sein; Milchmädchenrechnung; den Mund nicht so voll nehmen; der stete Tropfen höhlt den Stein; vergebliche Liebesmüh; der Wolf im Schafspelz; Big Apple; weniger ist mehr; wie durch ein Wunder …

Übung 2 Wandle diese Phrasen ab.

Lösungsmöglichkeiten sind: Lügner haben eben was Kurzes zwischen den Beinen; Sie gab ihm einen Hunderter, er wahrte den Schein; Er gab ihr einen Euro, sie nahm ihn für bare Münze; Stars, die immer noch keine Kunstpelze tragen, müssen ein dickes Fell haben; Sie will einen Mann, mit dem gut Kirschen essen ist; Na ja, wenn dir nach Gesellschaft ist, es stehen so einige Schnallen am Gürtel; Und sie sündigten in einem Ford; Sie mochte orale Liebe in der Früh. Sie fand, Morgenstund hat Gold im Mund; Er log ihr das blaue Wunder vom Himmel herunter; Der Apfel fällt nicht weit vom Stammbaum; Hedonisten loben den Tag schon vor dem Feierabend; Rette sich, wer Mann; Ehe dem, der lügt; Feste fallen, wie man sie feiert; Bei dir herrscht mehr Sucht als Ordnung, sagte der Dealer, als er ihre Bruchbude betrat; Manche Männer halten ihren besten Freund für das Maß aller Dinger; Man soll kein Teufelswerk an die Wand malen; Er hatte sie glatt aufs Eis geführt; Er war kein guter Mephisto, der Faust saß ihm im Nacken.

Lass das Detail fürs Ganze sprechen

Übung Schreibe eine Geschichte über eine Chaotin. Arbeite mit Pars pro Toto: Zeige ihren Kampf mit der Ordnung anhand von vielen Beispielen.

Eine Lösungsmöglichkeit ist:

Neulich, im Chaos

Wenn du in deiner Manteltasche einen vier Monate alten Putzerei-Zettel findest, dich aber nicht erinnerst, welche Sachen du in die Reinigung gebracht hast, solltest du diese Story lesen. Wenn du deine Kleider nicht einmal vermisst hast, lerne sie auswendig.

»Entschuldige, bei mir schaut's ein bissel aus … die Kinder, äh, die Katzen, äh, ich bin noch nicht … mein Gott, dieser Sauhaufen … steig' einfach drüber.«

Sätze, die das Leben schrieb. Das Leben eines Messies. Eines von Geburt an vom Chaos umzingelten Menschen, der ständig in dem Bewusstsein lebt, dass etwas verloren gegangen, vernudelt, verdrängt, verdorben, vergessen, verlegt, verschlampt, verstopft oder verplempert ist. Und ständig damit recht hat.

Die Erkenntnis ist natürlich kein Zufall. Sie drängt sich auf. Sie springt einen an wie die Katze, die man versehentlich in den Kühlschrank gesperrt hat. Wenn dir das noch nie passiert ist, hast du entweder keine Katze. Oder du bist kein Messie. Messies leben in Gedanken. Deshalb ist ihnen jede Form von Realität suspekt. Zutiefst suspekt. Unvorstellbar suspekt. Messies reparieren keinen tropfenden Wasserhahn, sie arrangieren sich mit ihm. Er tropft, sie leiden. Sie zahlen Strafmandate nicht per Erlagschein, sondern bar beim Exekutor. Sofern sie ihr Geldbörsel finden. Sie wechseln die Glühbirne an der Schlafzimmerdecke nicht aus, sie tasten sich im Finstern zur Nachtkastllampe. Bei der dann der Schalter nicht funktioniert. Und das Tag für Tag. Woche für Woche. Monat für Monat.

Messies sind vergesslich. Sie putzen sich die Nase mit Klopapier, weil sie nie daran denken, sich Papiertaschentücher anzuschaffen. Was sie dann am Klo machen, ist der Alptraum jedes Journalisten. Sie verteilen ihre Sachen sichtbar im Haus, weil sie sonst nicht mehr wissen, wo sie sie verstaut haben. Den Weg durchs Haus bahnen sie sich über schmale verschlungene Schneisen. Sie haben Feinde statt Nachbarn, weil sie sich bei ihnen ständig das ausborgen, was sie zu kaufen vergessen haben. Sofern sie es überhaupt zum Supermarkt geschafft haben. Und das Woche für Woche. Monat für Monat. Jahr für Jahr.

Messies sind ungeduldig. Sie stellen eine Kilopackung Zucker zum Kaffee auf den Tisch, weil es ihnen zu lang dauert, den Inhalt in eine Dose umzufüllen. Um gleich darauf zu entdecken, dass kein Kaffee da ist. Sie halten sich nicht damit auf, einen Hammer zum Bilderaufhängen zu suchen, sie schlagen die Nägel mit dem Schuhabsatz ein. Sofern noch ein Paar Schuhe mit Absatz zu finden ist. Sie schlafen auf dem Fußboden, weil es die ganze Nacht dauern würde, den Mount Everest aus Kleidern vom Bett abzuräumen. Deshalb haben sie auch morgens nie was anzuziehen. Und das Monat für Monat. Jahr für Jahr. Jahrzehnt für Jahrzehnt.

Der Verdacht, der sich aufdrängt, ist falsch. Messies sind nicht blöd. Sie haben nur mit Sicherheit nicht alle Tassen im Schrank. Haushalt ist ein Wort, das sie mit links an eine Toilettenwand schreiben könnten. Sie können ihn nur nicht führen. Statt einen Amtsweg zu erledigen, gingen sie lieber bei ihrem eigenen Begräbnis mit. Und das schlimmste von allen Übeln auf dieser Erde kumuliert in den Begriffen Finanzamt, Steuererklärung, Werkverträge.

Und Messies sind unglücklich. Zuerst schlägt sich ihr Lebensstil aufs Selbstvertrauen: *Ich* werde es nie schaffen, mein Leben in Ordnung zu bringen. Dann steigert er sich zur Hoffnungslosigkeit: Ich werde es *nie* schaffen, mein Leben in Ordnung zu bringen. Und endet schließlich im Desaster: Ich werde es nie schaffen, mein Leben *in Ordnung* zu bringen.

Bei sieben Prozent der Bevölkerung handelt es sich dabei um eine anerkannte Krankheit, die im deutschsprachigen Raum Aufmerksamkeitsstörung mit eventueller Hyperaktivität genannt, seltsamerweise aber mit MCD abgekürzt wird. Schuld an einem ausgewachsenen Messie-Syndrom sind demnach die sogenannten Neurotransmitter, bestimmte chemische Stoffe im Gehirn, die, statt Funktionen und Verhaltensweisen zu koordinieren, bloß Unsinn im Sinn haben. Der sich in Konzentrationsschwäche äußert, die wiederum Unordnung und Desorganisation nach sich ziehen.

Was die Sache zwar erklärt, aber so unsympathisch macht wie die Veranlagung zum Dickwerden. Denn ebenso wie die ekelhafte Erkenntnis, dass das Zunehmen nur dann abnimmt, wenn man seine Ernährungsgewohnheiten radikal, konsequent und bis ans Lebensende ändert, wird aus einem Messie nur dann ein ordentlicher Mensch, wenn er umdenkt. Radikal, konsequent und bis ans Lebensende. Mit radikal haben Messies das geringste Problem. Als gefühlsbetonte Menschen agieren sie selten anders. Überfallsartig werden sie endlos aufgeschobener Arbeiten Herr. Anfallsartig räumen sie das Haus auf. Zum Beispiel bevor die Bedienerin kommt. Diese reichlich absurde Maßnahme entspringt einer tiefen Scham über den Zustand der Wohnung, der regelmäßig einmal pro Woche von der Entlarvung bedroht ist. Die Schwierigkeit liegt darin, radikal das zu tun, was die Allgemeinheit für richtig hält. ˋ

Auch Konsequenz ist keine Unbekannte im Leben der Messies. Ihre Desorganisation hat klare Regeln. Vieles bleibt, wie es nicht sein sollte. Manches erledigt sich von selbst. Nichts passiert wie geplant. Die Schwierigkeit liegt darin, konsequent anders zu handeln, als es die eigene Natur vorschreibt.

Beides bis ans Lebensende durchzuhalten ist für Messies ebenso erschreckend wie ein Tag ohne Zähneputzen für einen Menschen mit Disziplin. Und da ist es schon, das D-Wort, das Messies fürchten wie der Vampir den Knoblauch. Dafür lieben sie das W-Wort. Das Wünschen, das Messies praktisch erfunden haben. Sie wünschen sich eine schöne Wohnung mit schönen Dingen, die in schönster Ordnung an den schönsten Plätzen stehen. Sie wünschen sich, ein wunderbares Sechs-Gänge-Menü zustande zu bringen, das wunderbaren Freunden rund um einen wunderbar gedeckten Tisch wunderbar schmeckt. Sie wünschen sich eine vorbildliche Buchhaltung, die vorbildlich in Ordnern verstaut jedem vorbildlichen Steuerberater vorbildlich standhält.

Ein Zustand, der kein Mirakel darstellen muss. Man muss nur klein genug anfangen. Am besten rund ums Telefon. Vorher: »Ja, hallo, warte, ich schreib mir das gleich auf … Moment, der Stift funktioniert nicht … immer wenn man was braucht … So, jetzt. Nein. Warte. Der geht. Gut. Wie bitte? Augenblick, das ist das Zeugnis meiner Tochter, ich brauch einen anderen Zettel … Wo ist nur … Sekunde. Hier. Nein. Doch. Na gut, ruf mich später an.« Nachher: Direkt am Hörer hängt ein nagelneuer Filzschreiber an einer Drehspirale, auf dem Telefontischchen liegt mit Tixo festgeklebt ein Durchschlagblock.

Nun zur zweiten lebenswichtigen Einrichtung, zur Küche. Dass die Nahrungszentrale der Wohnung schon einigermaßen aufgeräumt aussieht, wenn die Arbeitsflächen abgeräumt sind, haben Messies, die noch Hausbesuche bekommen, bereits herausgefunden. Das Problem liegt mehr im Innern der Schränke und Kasteln, die man nicht mehr öffnen kann, ohne unter einer Lawine von Küchenutensilien begraben zu werden. Erster Schritt: Betrachten Sie jeden Gegenstand fünf Minuten, erkennen Sie einen Sinn in seiner Anwesenheit, suchen Sie ihm einen Platz, wo er fortan liegen, stehen oder hängen soll. Hängen hilft am meisten. Zweiter Schritt: Alles andere ist Krempel und gehört auf den Müll.

Müll. Auch so ein Wort. Kommt gleich nach Disziplin. Bevor sich Messies von irgendwas im Haus trennen, geben sie ihre Kinder zur Adoption frei. Doch ihre Sammlerleidenschaft stammt weder aus der Bronzezeit noch daher, dass sie ihr früheres Leben als Hamster verbrachten. Messies sind nur hilfsbereit. Und daher bestrebt, alles, was in ihrem engeren Umkreis von 1500 Kilometern gebraucht werden könnte, rasch bei der Hand zu haben. Na ja, vielleicht nicht unbedingt rasch. Und vielleicht auch nicht direkt bei der Hand.

Aber irgendwann, das ist für Messies so sicher wie die Tatsache, dass der Papst katholisch ist, findet sich das Gesuchte. Es ist nur eine Frage der Zeit. Auf die Messies leider keine Antwort haben. Denn Messies sind spontan. Kaum beginnen sie eine Arbeit, fällt ihnen schon die nächste ein, die viel wichtiger ist. Abends stehen sie mit einem Schwanz halb fertiger Verrichtungen kurz vor der Verzweiflung. Der Rest der Nacht versinkt in Depression, Selbsthass und Suizidgedanken.

Womit wir beim Ratgeber für Messie-Angehörige wären. Wer als funktionierendes Mitglied der Gesellschaft mit einem Messie zusammenlebt, hat nichts anderes zu tun, als zum Heiligen zu mutieren. Erster Schritt: Gib zu, dass dein Partner ein Messie ist, und geniere dich für deine Schwächen. Zweiter Schritt: Reg dich nie auf. Dritter Schritt: Gib Anregungen, aber nimm deinem Partner nichts von seiner Last ab, er muss da allein durch. Vierter Schritt: Betrachte deine Beziehung als das Beste, was dir das Leben zu bieten hat. Du wirst zu einer Selbstanalyse gezwungen, zu der du dich sonst nie aufgerafft hättest.

Ein klitzekleines bisschen komplizierter ist das Zusammenleben zweier Messies. Denn die verstehen sich prächtig, der gemeinsame Feind ist das Haus. Miteinander in einer ramponierten Umgebung zu wohnen bringt nämlich beide auf die Palme. Erster Schritt: Gib zu, dass nicht das Haus krank ist, sondern du. Die anderen drei Schritte sind dieselben wie oben.

Sofern du eine durch und durch gütige, von Phlegma durchdrungene, mit Toleranz in der Muttermilch gestillte und unbeirrbar optimistische Natur bist, bleibt dir letztlich eine Hoffnung: Glaube daran, dass eine gute Fee oder ein Fabeltier dich eines Tages retten wird.

DER AUFBAU EINER GESCHICHTE

Warum wird eine Geschichte gelesen?

Übung 1 Welche Art Geschichte willst du schreiben? Dazu musst du die Textsorten kennen.

Lösung Journalistische Textsorten: Ein Ein- oder Mehrspalter oder eine Kurzmeldung ist eine Nachricht, ein kurzer Bericht in Tageszeitungen oder auf den Meldungs- und Newsseiten einer Zeitschrift.

Eine Reportage ist eine journalistische Erzählung, die entsteht, wenn man Presseaussendungen in den Papierkorb wirft, das Telefon vergisst und den Schreibtisch verlässt.

Ein Erlebnisbericht ist eine Reportage, bei der der Autor in der Ich-Form schreiben darf.

Ein Feature ist eine Reportage, die zusätzlich oder nur aus Archivmaterial besteht.

Ein Report, Bericht oder Dossier ist eine Art lange Kurzmeldung mit aufwändiger Rundumrecherche. Sie ist stilistisch nicht so unterhaltsam wie eine Reportage, sie liefert Fakten und Hintergründe.

Ein Porträt ist eine Kurzbiografie, die aus einem ausführlichen Gespräch mit dem Protagonisten, Zusatzrecherche in seinem Umfeld und Archivmaterial entsteht.

Eine Sammelgeschichte fasst mehrere Kurzbiografien oder Sachinformationen zu einem Thema zusammen.

Ein Interview ist das Protokoll eines ausführlichen Gesprächs mit dem Protagonisten. Der Text ist in Frage und Antwort gegliedert.

Eine Glosse, Kolumne oder Kommentar ist eine journalistische Meinung. Der Autor darf in der Ich-Form schreiben.

Eine Satire ist die leichtlebige und ironische Schwester des Kommentars.

Ein Editorial ist der Brief des Chefredakteurs oder Herausgebers an die Leser.

Eine Promotion ist ein von einem Inseratenkunden bezahlter journalistischer Bericht.

Literarische Textsorten: Eine Kurzgeschichte ist eine moderne literarische Form der Prosa, deren Hauptmerkmal in ihrer Kürze liegt. Die ersten Short Storys stammen von anglo-amerikanischen Autoren wie Edgar Allan Poe, F. Scott Fitzgerald, Ernest Hemingway oder William Faulkner, nach dem Zweiten Weltkrieg setzten sie sich auch im deutschsprachigen Raum gegen die etablierten Kurzformen wie Erzählung, Novelle, Anekdote durch.

Ein Essay ist eine kurze, geistreiche Abhandlung, in der wissenschaftliche, kulturelle oder gesellschaftliche Phänomene betrachtet werden. Er geht zurück auf den französischen Autor Michel de Montaigne.

Ein Roman ist die Langform einer Erzählung.

Ein Sachbuch ist ein Werk, das ein bestimmtes Sachthema für ein Laienpublikum darstellt.

Ein Fachbuch ist ein Werk, das ein Sachthema für ein Publikum von Spezialisten abhandelt.

Ein Exposé ist eine kurze Inhaltsangabe eines Buchprojekts, eines Films oder eines wissenschaftlichen Werks.

Ein Treatment ist in der Filmsprache die Kurzform eines Drehbuchs. Der Autor umreißt Charaktere, Handlung und Plot in ihrer Dramaturgie, aber ohne Dialoge.

Ein Drehbuch, ist ähnlich wie ein Theaterstück, die textliche Grundlage für einen Film, die Dialoge und Regieanweisungen, also genaue Angaben für jede Szene, enthält.

Übung 2 Schreibe eine Geschichte zum Thema: die Kraft der Sonne. Sie soll amüsant zu lesen sein und dennoch informativ. Überlege dir einen ungewöhnlichen Ansatz.

Eine Lösungsmöglichkeit ist:

Gestatten: Ray

Fang das Licht. Milliarden von Sonnenstrahlen prasseln auf uns ein in den kommenden Wochen. Einer davon ist Ray.

Ray gast an. 299 792,458 Kilometer pro Sekunde. Von der Sonne bis zur Erde ist es nicht weit, wenn man ein Sonnenstrahl ist. Ray braucht acht Minuten. Ohne dich werden die Erdlinge krank, hat er gelernt in der Sonnenstrahlenschule, ohne dich sind sie sogar zu faul für Sex.

Ray landet. Er kracht auf was Weiches. Die Lehrerin in der Sonnenstrahlenschule hat ihm eine Hügellandschaft gezeigt. Und wenn zwei Bergspitzen drauf sind, hat sie gesagt, ist das ein Bikini. Herrlicher Blick, denkt Ray, aber ich muss weiter. Alles, worauf er sich zu lange niederlässt, wird rot.

Im Gehirn kann Ray das Meiste erledigen. Der Weg führt über die energetische Sehbahn. Schnell, denkt Ray, sonst geht was ins Auge. Binde- oder Hornhautentzündung, Linsentrübungen, zumindest bricht mir die Frau in Tränen aus. Ray orientiert sich. Dort geht's zum limbischen, da zum vegetativen Nervensystem, hier zu den Hormonen. Wichtiges Date. Ohne Licht machen die nämlich, was sie wollen. Vor allem das Schlafhormon Melatonin. Ray muss es bremsen, es macht grantig und müde. Jessas, denkt Ray, ich hab aufs Vitamin D vergessen. Er flitzt zurück zur Haut. Auch schon da, sagt der Werksleiter. Tschuldigung, murmelt Ray. Los, an die Arbeit, sagt der Boss. Ray spurt. Ohne ihn können die Menschen auch aus gesundem Essen nicht so viel Vitamin D herausholen, wie sie brauchen fürs Kalzium im Blut, was gut ist für Haut und Haar und gegen Osteoporose. Nicht zu reden von Vitaminen und Spurenelementen, die über den Darm reinkommen. Du bist eine Naturheilkraft, haben sie in der Biologiestunde gesagt, du scheinst bis in die letzte Darmwindung. Oy, denkt Ray, da muss ich auch noch hin.

Hat sie gegessen?, erkundigt er sich erst einmal im Hirn-Archiv. Salat, sagt der Abteilungsleiter. Ray nickt. Und Zucchini mit Erdäpfel, angeröstet. Brav, sagt Ray, nur nichts Fettiges und Paniertes. Früher, sagt der Archivar, hab ich in einem Mann gearbeitet, da sind wir im Cholesterin gewatet. Ray schüttelt sich. Trinkt sie?, fragt er. Eistee, sagt der Archivleiter. Ray fröstelt. Lauwarm, leicht salzhältig, so gehört's, die schwitzen ja so diese Menschen, wenn's heiß ist. Und immer haben sie das Falsche an. Ray erinnert sich an die Matura in Materialkunde. Baumwolle lässt nur sechs Prozent Sonne durch. Synthetik, Gift für den Körper. Seide isoliert. Sehr gut, setzen. Dunkler Stoff staut Wärme ... Ray! ... Helle Kleidung schützt ... Ra-ay! ... UV-Strahlung ... Ray!! Haben einen nie ausreden lassen in der Sonnenstrahlenschule.

Apropos UV, sagt Ray zum Archiv-Leiter, die ist nicht nur schädlich. Für Immunsystem, Stoffwechsel, Lunge, Herz, Kreislauf und Psyche sind die bösen Strahlen gut. Akne oder Neurodermitis werden sogar besser. In Amerika haben sie entdeckt, dass UV-Strahlung ein Hormon in den Hautzellen freisetzt, das vor Sonnenbrand und Krebs schützt. Und UV-Strahlen töten Bakterien und lassen Wunden besser heilen.

Ray hat sich warm geredet und nicht gehört, wer gerade hereingekommen ist. Also, Burschen, seid's mir nicht bös, aber so geht das nicht, sagt der Neue aus der Hautreparatur. Fünf Sonnenbrände in der Kindheit, wettert er, verdoppeln die Hautkrebsgefahr, erzählt's mir nichts von gutem UV, nach dem, was uns alles unterkommt, mein lieber Schwan, die Überstunden zahlt keiner.

So ein bissel Farbe, piepst Ray, ist ja auch schön. Schön, schön, brüllt der Haut-Spezialist. Ist das schön, wenn Samthaut im Zeitraffer altert? Wenn UV-B-Strahlen Pigment-Graffitys malen, die Zellstruktur schädigen, die Kernsäuren attackieren, den Hautstoffwechsel stören? Ist das schön, ha? Alles knallrot, überall Hautfetzen, wir reißen uns die Haxen aus, dass der Zellkern nicht draufgeht und die Erbsubstanz ruiniert, nur weil sich die Narrischen in die Sonne knallen. Aber Haut kann sich in einem Tag regenerieren, säuselt Ray. Paperlapap, schreit der andere, hab ich schon gefressen, euch Nichtsnutze aus dem All. Er stürmt raus und direkt rein in einen Winzling in weißem Kittel. Hallo, sagt der zu Ray, ich bin Dr. Sex. Rays grinst. Ein hübscher Hüne ist draußen im Anmarsch, kichert der Doktor, die Pheromone melden Erregung. Dr. Sex reibt sich die Hände, Sie wissen, worauf's jetzt ankommt? Ja, auf die Zirbeldrüse, nickt Ray. Dieser Zellhaufen an der Gehirnbasis schickt die Sexualhormone aus, die Haut spaltet das Prohormon Proopio-Melanocortin ab, das das Liebeshormon Betaendorphin auf den Plan ruft. Und dann setzt das Hirn aus. Ist schon Funkstille oben?, fragt Ray, wird's was mit dem Hünen? Wenn wir noch lang reden, dann nicht, sagt Dr. Sex, dreht sich in der Tür noch mal um und sagt: schönen Sommer.

Was muss der erste Satz können?

Übung Würdest du nach folgenden ersten Sätzen gern weiterlesen? Was ist gut an ihnen und was nicht?

Lösung Diese ersten Sätze sind stark. Man würde gerne weiterlesen:

»Ich bin ja ein Sautrottel«, sagt der Gustl und nimmt einen Schluck.

Es gibt Stadtkinder, die ohne Weiteres eine Kuh von einem Meerschweinchen unterscheiden können.

Er hat Leute erstochen, erschossen, erwürgt und vergiftet.

Der Schalldämpfer liegt in der Schublade.

Der weiße Rolls-Royce parkte direkt vor dem Eingang, im Halteverbot.

Manchmal begann sein Eiskasten zu sprechen.

Er sieht aus, als käme er per Anhalter direkt aus der Hölle.

Geisteskranke rufen bei ihr an.

»Was? Sie wollen Schauspielerin werden? Sie haben doch einen Blähhals.«

Könnte man einen Blick in sich hineinwerfen, sähe man verbrannte Erde.

Der Mann im weißen Kittel kennt sich gut mit Rotweinen aus.

Leise rieselt der Staub auf die Steuererklärung vom Vorjahr.

Ho-ho-ho wird er sagen, wenn das Christkind ihm am Heiligen Abend als Klosterfrau erscheint, blond und ziemlich scheinheilig.

Als zuletzt jemand über das Wasser gewandert ist, hat man eine Religion nach ihm benannt.

Diese ersten Sätze sind in Ordnung. Man liest weiter:

Er ist fünf Zentimeter kleiner als sie, und doch war es nicht leicht, aus seinem Schatten herauszutreten.

Wir sind nicht einmal eine Familie, wir sind nur viele: Wir passen in drei Autos, auf zweieinhalb Kinoreihen oder in einen Lastenaufzug, auf der Straße gehen wir hintereinander, und mit drei Grünphasen schaffen wir jeden Zebrastreifen.

Eisblumen am Fenster, die Scheiben sind angeschlagen.

Er kommt nicht, er erscheint.

Normalerweise sieht man sie nicht.

Er hat sich ganz einfach die Pulsadern aufgeschnitten, mein Gott, überall Flecken auf dem eisbärweißen Designerteppich, und was tut er jetzt, sieben Monate später, nachdem die Wunden verheilt sind?

Au revoir, sagte er, auf Wiedersehen.

Es begann mit einer Radlerhose.

Am Morgen schleicht sich das Grauen an.

Endlich ist alles vorbei.

Rosa muss es sein, alles rosa.

Die Sache stinkt zum Himmel.

Sie war bis zur Unkenntlichkeit vermummt, fuhr im Schutz der Nacht Schleichwege bis zum Airport, stieg aus, gebückt, checkte ein, ganz leise, und flog dann um die halbe Welt, um ein Gefühl für Distanz zu bekommen.

Offensichtlich können manche Leute Gefühle umlegen wie einen Kippschalter.

Ein Moment, der lähmt.

Es muss etwas in diesem grünen Tee sein.

»Sie sind so knöchrig an den Schultern.«

Die Sünde war immer erlaubt.

Ehrgeiz ist der große Bruder der Verbissenheit.

In Sakkos hängt er immer noch ziemlich verloren drin.

Hundertfünfundreißig Millionen Jahre lang war die Welt ganz in Ordnung.

Wenn neben Ihnen eine Luke aufgeht, zwischen Ihnen und dem Boden nichts als viertausendfünfhundert Meter Luft sind und jede Faser Ihres Körpers schreit: Sollte jemals neben dir eine Luke aufgehen und zwischen dir und dem Boden nichts als viertausendfünfhundert Meter Luft sein, dann spring auf gar keinen Fall da runter, dann ist alles in bester Ordnung mit Ihnen.

Man steht in der Boutique und denkt.

Diese ersten Sätze sind schwach. Man kann nur auf den zweiten Satz hoffen: Grün, das weiß man, ist die Hoffnung.

Er trinkt Tee.

Plötzlich bist du mitten im Geschehen.

Tränen kullerten über das Rouge gepuderter Wangen, Herzklopfen in den vorderen Reihen, man schluchzte in Zeitlupe vor Glückseligkeit, dort und da wurden Stoßgebete formuliert, so leise, dass nur gute Lippenleser es sahen, lobet den Herrn, halleluja, und ja, die ganze Szenerie hatte das Layout eines Heimatfilms, abgedreht in rührseligem Polychrom, als hätte man das Leben in Butterschmalz getaucht und als Brettljause serviert.

Es ging Schlag auf Schlag.

Schummriges Rot.

Die Realität kippt.

Schuld ist nur die Etikette.

»Man kann nicht nicht kommunizieren«, stellte der Kommunikationswissenschaftler Paul Watzlawick 1969 fest und war mit einem Satz berühmt.

Bill steht auf dem Dach eines Parkhauses und starrt in die Tiefe.

Wahre Brutalität.

Es darf nicht jeder hinein.

Augen wie Messer.

Die Drogen haben sie fertiggemacht.

Als Klaus Maria Brandauer vor drei Jahren mit ihr Stefan Zweigs »Brennendes Geheimnis« teilte, begann Faye Dunaway, nicht mehr sie selbst zu sein.

Diese ersten Sätze sind danebengegangen. Man will nicht mehr weiterlesen:

Sie sah aus wie auf einer dieser kitschigen, kolorierten Ansichtskarten, über deren Käufer ich mich immer wundere, weil sie so ungeniert ohne Strumpfmaske agieren.

Vor genau einem Jahrhundert wurde Paul Hörbiger am 29. April in Budapest geboren.

Es ist eine interessante Gegend für Selbstmörder, mitten im Kölner Industrieviertel Ossendorf, umgeben vom Charme einer enormen Open-Air-Aufbahrungshalle aber ist pralles Leben zu Hause: VIVA, das deutsche Gegenstück zu MTV.

Wie ist eine Geschichte aufgebaut?

Übung 1 Nimm an, du hast den Auftrag, einen Text darüber zu schreiben, wie negativ sich ein Urlaub auf die Beziehung auswirken kann. Überlege dir die Story. Welchen Einstieg wählst du? Wie muss der Programmabsatz lauten? Wie spinnst du den roten Faden? Was ist dein Schluss? Schreibe eine Gliederung in Stichworten.

Eine Lösungsmöglichkeit ist:

Arbeitstitel: Ist Ihre Beziehung urlaubsreif?

Ansatz: Sie wollen alles. Entspannung. Spaß. Erholung. Sightseeing. Exotik. Shopping. Liebe. Romantik. Und machen sich auf die Reise. In eine programmierte Liebeskrise.

Einstieg: Die Szenerie, wie man sich den Traumurlaub vorgestellt hat. Perfekter Strand, Lust und die Liebe, Kerzenlicht, die Nacht der Nächte mit dem Partner. Die Szenerie, wie der Traum geplatzt ist. Schweigen, hässliches Hotel, Schnarchen, Desaster.

Programmabsatz: Urlaubszeit ist Trennungszeit. Die schönste Zeit des Jahres ist der Anfang vom Ende vieler Beziehungen. Direkt nach der Heimreise beginnt die Hauptsaison für die Scheidungsanwälte.

Roter Faden: Die Fallen, die zwischen Buchung und Rückflug lauern. Falsche oder zu hohe Erwartungen. In zwei Wochen aufholen, was man das Jahr über versäumt hat. Zu viele Bestseller im Gepäck. Irgendwas muss zu kurz kommen.

Wie vermeidet man die Katastrophe? Vor dem Urlaub. Gemeinsam. Eine Reiseanleitung in drei Phasen.

Die Planung: Analysieren, was bei früheren Urlauben schon schiefgelaufen oder gutgegangen ist. Budget klären. Wünsche definieren. Verantwortung und Organisation teilen. Risikomanagement und Einplanen der Störfaktoren von Stau bis Schlechtwetter. Genügend Information über Urlaubsort und Hotel einholen, um böse Überraschungen zu vermeiden.

Anreise: Einstimmen, nicht gleich vom Büro auf den Flugplatz fahren. Pausen einlegen, wenn man mit dem Auto fährt. Ziel ist, entspannt am Urlaubsort anzukommen.

Am Urlaubsort: Vorsicht vor zu viel Nähe. Auch mal was allein unternehmen. Keine erotischen Meisterleistungen erwarten. Nicht zu viel unternehmen. Nicht zu viel herumliegen.

Schluss: Die Rückkehr. Ausklingen lassen, nicht vom Flugplatz gleich ins Büro fahren. Die Urlaubsstimmung in den Alltag hinüberretten.

Übung 2 Schreibe einen kurzen Text über die Volkskrankheit Übergewicht.

Eine Lösungsmöglichkeit ist:

Wie dick sind die Österreicher wirklich?

Einstieg: Alle Zeichen deuten auf eine kollektive schwere Körperverletzung mit Messer und Gabel. Gesundheitsexperten schlagen Alarm: Knapp ein Viertel der

Österreicher leidet unter Fettsucht, ist also, wie das in der Fachsprache heißt, adipös. Damit liegen wir global ganz gut im Trend, wo uns doch sonst so mancher Hype erst mit reichlicher Verspätung ereilt.

Programmabsatz: Zum Vergleich: Weltweit ist rund eine Milliarde Menschen übergewichtig, 300 Millionen davon sind fettsüchtig. In Österreich bringen 58 Prozent der Männer und 41 Prozent der Frauen zu viel auf die Waage. Unter 1054 Österreichern, die sich einer Vorsorgeuntersuchung unterzogen, litten 22 Prozent unter Adipositas. Laut Statistik sind das zwei Prozentpunkte mehr innerhalb von zehn Jahren.

Roter Faden: Und auch in der Oberliga der Schwergewichte preschen die Österreicher gewaltig vor: 12,3 Prozent der Frauen und 13,6 Prozent der Männer sind fettleibig, das ist ein Drittel mehr als im Jahrzehnt davor. In der Weltrangliste liegen wir damit im guten Mittelfeld, gegenüber anderen Europäern aber ziemlich weit oben. Beängstigend dabei ist, dass die schleichende Überfettung der Gesellschaft auch immer mehr auf Kinder und Jugendliche durchschlägt.

Und wir reden da nicht von kleinen Pummelchen, die sich schon noch auswachsen werden. Der Anteil der korpulenten Mädchen und Buben im Lande hat sich seit 1985 verdreifacht, die Körperfettmasse von Schulanfängern ist um 70 Prozent gestiegen. Was hinter diesen Zahlen steht, ist nicht gesund.

Dicke Menschen haben eine wesentlich höhere Chance auf Krebs, Herz-Kreislauf-Erkrankungen, Herzinfarkt, Schlaganfall und allen voran Diabetes. Laut österreichischem Diabetesbericht ist der starke Anstieg von Diabetes-Typ-2, der vor allem auf Übergewicht zurückzuführen ist, zu einem der größten medizinischen Probleme und damit zu der gesundheitspolitischen Herausforderung der nächsten Jahrzehnte geworden.

Schluss: EU-Sonderkommissär Markos Kyprianou sagt's noch klarer: »Es kündigt sich eine Katastrophe an, die größte Seuche in der Geschichte der Welt.« Mahlzeit.

DAS SPIEL MIT DEN WORTEN

Überraschungs-Effekt

Übung 1 Du hast folgende Vorgaben: Die Analyse einer Handschrift ergibt schöne Vokale, interessante Abstriche, keine nennenswerten Mitlaute. Die Handschrift ist eindeutig männlich, wirkt eher kindlich, lässt aber auf starken Willen, Ruhelosigkeit, Macht schließen. Überlege dir in diesem Zusammenhang einen Überraschungs-Effekt.

Eine Lösungsmöglichkeit ist: Er hat ausgesprochen schöne Vokale. Von einfacher Form zwar, aber wunderbar oval. Auch seine Abstriche sind nicht zu verachten. Und trotz seiner etwas mickrigen Mitlaute erkennt die Wissenschaft in ihm einen willensstarken Charakter, etwas ruhelos vielleicht, aber ziemlich phallisch eingestellt. Womit klar ist, dass er so erfreulich männliche Eigenschaften wie Macht und Potenz in sich vereint. Die Handschrift, die da analysiert wurde, stammt von einem Siebenjährigen.

Übung 2 Du hast folgendes Zitat von Oscar Wilde: »Zu einer guten Ehe gehören meistens mehr als zwei Personen.« Überlege dir in diesem Zusammenhang einen Überraschungs-Effekt.

Eine Lösungsmöglichkeit ist: Oscar Wilde sagte: »Zu einer guten Ehe gehören meistens mehr als zwei Personen.« Und recht hat er. Von einer perfekten Affäre hat jeder der Beteiligten was: der erste Abwechslung, der zweite Aufmerksamkeit und der dritte keine Ahnung.

Kontrast-Reich

Übung 1 Beschreibe es in einem Satz mit einem Kontrast: Ein Typ will in ein Wirtshaus gehen und eine Schlägerei anfangen.

Eine Lösungsmöglichkeit ist: »Und jetzt geh ich ins nächste Beisl und hau irgendwem in die Goschn«, schwärmt er.

Übung 2 Definiere das Wesen eines blonden Luders in einem Satz mit einem Kontrast.

Eine Lösungsmöglichkeit ist: Man nennt sie den eiskalten Engel und meint, dass sie einem die Hölle heißmacht.

Übung 3 Schreibe einen kurzen Text zum Thema: Wenn sich das Mutter-Tochter-Verhältnis umdreht. Stichwort: verkehrte Welt. Der Kontrast soll diesmal nicht sprachlich, sondern inhaltlich angelegt sein.

Eine Lösungsmöglichkeit ist:

Ich habe Jeans, die sind älter als meine beiden Kinder zusammen. Das behindert aber schon längst nicht mehr meinen Verdacht, dass sie in Wahrheit die Erwachsenen sind. Und ich das Kind.

»Mami«, sagt Aisha Tag für Tag um sieben Uhr zehn, »steh auf, wir müssen in die Schule.« Ich nicke, weil ich noch keine Stimme habe um die Zeit, und gehe Zähne putzen. »Hast du dir schon überlegt, was du heute anziehst?«, will Teresa wissen. Ich schüttle den Kopf und setze mich vor den Kasten. »Beeil dich heute mal ein bisschen«, sagt Aisha, »wir haben Religion in der ersten Stunde, und du weißt, da müssen wir ausnahmsweise pünktlich sein.«

»Sagt doch, ich habe meine Lieblingshose nicht gefunden«, schlage ich vor. »Das sagen wir jeden Tag«, antwortet Teresa, »die Lehrerin hält dich schon seit Wochen für nicht ganz dicht.«

Das muntert mich auf. Ich hole den nächstbesten Rock aus dem Schrank. »Nicht schon wieder den«, meint Aisha, »den hast du doch schon gestern angehabt. In der Redaktion müssen sie ja denken, du hast dein Gewand an die Caritas verschenkt.«

»Benehmt euch endlich nach eurer Schuhnummer, ihr klingt wie die Bundys«, begehre ich auf, »ich bin eure Mutter.«

»Ja, ja«, sagen sie im Chor.

Endlich bin ich fertig. »Iss deine Cornflakes, wir haben's eilig«, sagt Teresa und schiebt mir mein Schüsselchen hin. »Was wollt ihr ins Jausenbrot?«, frage ich.

»Schon erledigt«, sagt Aisha, »du hast zwei Mandarinen mit und einen Apfel, lass sie nicht wieder im Auto liegen.«

Sie hält mir den Autoschlüssel hin. Teresa steckt mir das Handy in die Tasche. Die Katzen öffnen die Tür. »Wir habt ihr denn das hingekriegt?«, frage ich, nun endgültig wach. »Das fragst du jeden Tag um die Zeit«, sagt Aisha, »wir haben sie dressiert, das ist leichter, als dich jeden Morgen aus dem Haus zu kriegen. Schönen Tag noch Mami, wir rufen dich an, wenn das Abendessen fertig ist.«

Jargon-Methode

Übung Lass folgende Leute standesgemäß sterben.

Lösungsmöglichkeiten sind: Der Kellner gibt den Löffel ab; … serviert sich selbst ab; … serviert sich die Henkersmahlzeit; … serviert im Gasthaus zum Paradie; Der Turner verreckt; … macht einen finalen Abgang; … reißt a Bankl; … schwingt sich ins Jenseits; Den Elektriker trifft der Schlag; Der Pfarrer segnet das Zeitliche; Der Spachtelfabrikant kratzt ab; Der Schaffner liegt in den letzten Zügen; Der Beamte entschläft sanft; … streckt die Patschen; … wacht nicht mehr auf; Der Religiöse muss dran glauben; … wird vom Teufel geholt; Der Gärtner beißt ins Gras; Der Fechter bekommt den Todesstoß; Die Putzfrau kehrt nie wieder; … macht sich aus dem Staub; … fegt sich von der Platte; … wirft das Hangerl; Der Anwalt steht vor dem Jüngsten Gericht; … tritt vor seinen Richter; Der Autohändler kommt unter die Räder; … verkauft seine Seele; … tankt ab; … fährt in den Himmel; Der Kfz-Mechaniker schmiert ab; Der Säufer kriegt die Letzte Ölung; Der Förster geht in die ewigen Jagdgründe ein; … hackt sich um; Der Gynäkologe scheidet dahin; Der Rabbi geht über den Jordan; Der Optiker schließt für immer die Augen; Der Eremit wird heimgerufen; Der Tenor hört die Englein singen; … singt dahin; Der Lampenhändler geht zu den Lichtern; ihm wurde die Birne eingeschlagen; Der Marathonläufer wird mit den Füßen voran hinausgetragen; Der Spanner ist weg vom Fenster; … spannt aus; Der Modedesigner entwirft seinen Holzpyjama.

Bilder-Muster

Übung 1 Lies dir folgende Sprachbilder durch. Entscheide: Sind sie gut, sind sie schief? Und warum?

Lösung

Das Manuskript sah aus, als hätte eine Katze ihre Fischvergiftung drauf ausgekotzt. Zugegeben, das Bild ist nicht sehr gustig. Und eine Fischvergiftung kann man auch nicht auskotzen. Aber das kann man in diesem Fall als bildhafte Übertreibung durchgehen lassen. Wer einmal ein solches Manuskript gesehen hat, weiß: Die Beschreibung ist gelungen, der Leser sieht das Bild des Grauens lebhaft vor sich.

Das Auge des Gesetzes hat seinen langen Arm stets griffbereit.
Der Klassiker des schiefen Bildes. Und ein Arm kann auch nicht aus dem Auge wachsen. In diesem Fall kann man das nicht unter bildhafte Übertreibung durchgehen lassen. Frag uns nicht, warum. Es hat was mit Sprachgefühl zu tun.

Dort trifft sich das Who is Who der Schauspielerei.
Tausendfach gelesen und schon beim ersten Mal fad. Und falsch. Das Who is Who kann sich nirgends treffen.

Sie sah aus wie ein aufgeputzter Christbaum am 20. Jänner.
So präzise sind Bilder selten. Fast jeder Leser sieht dieselbe Gestalt in ihrer traurigen Takelage vor sich.

Angesichts dieser Maschine würden Daniel Düsentrieb und Mister Q vor Neid erblassen.
Daniel Düsentrieb und Mister Q sind öfter als Prototypen der Erfinder missbraucht worden, als eine Zahl Nullen haben kann. Und nie, nie, nie wieder soll irgendwer vor Neid erblassen. Das ist eine Phrase, kein selbst kreiertes Bild.

Blitzartig vorschnellend, wie ein in tiefem Wasser zappelnder Mann, stürzte er sich auf den Feind.
Hier stimmt bloß die Rechtschreibung. Ansonsten kann in tiefem Wasser weder wer vorschnellen noch zappeln. Man sollte sich auf den Autor stürzen.

Das Badezimmer ist wohnlich geworden. Der nasse Sinneswandel ist vollzogen.
Der erste Satz ist in Ordnung. Im zweiten hat jemand versucht, mit einem Eigenschaftswort ein Bild zu malen. Und ist gescheitert.

Die Zwischenrufe im Parlament sind der Regierung ein Dorn im Auge.
Aua. Etwas, das ins Ohr geht, tut im Auge weh.

Ein Mann, ein Wort. Richard Lugner, ein Wörterbuch.
Schön. Kurz. Wahr. Richard Lugner hat selber schon drüber gelacht.

Wenn er daran gedacht hätte, dass einer Europäerin der Oscar höchstens aus Mitleid verliehen werden würde, wäre er mit der Titanic gekommen.
Der Gag ist Teil eines Dialoges aus einem Neil-Simon-Stück und stemmt sich mit jeder Silbe gegen das Papier. Gemeint ist: Der Mann einer britischen Schauspielerin, die für den Oscar nominiert ist, hätte gern ihre Außenseiterchancen erhöht, indem er sie beim Untergang der Titanic zur bemitleidenswerten Witwe gemacht hätte.

Die Forstangestellte hatte einiges Holz vor der Hütte.
Üppig, was man da vor Augen hat, aber etwas platt in der Formulierung. Trotzdem ist das Bild nicht schief, weil die Dame auch beruflich was mit Holz zu tun hat.

Vom Kopf bis zu den Fingerspitzen glänzen Lippen, strahlen Augen und schimmern Nägel.
Nicht alles, was wie ein Picasso ausschaut, muss ein gutes Bild sein.

Sie nimmt ein Kurbad in der eigenen Saftlosigkeit.
Schöne Formulierung und doch daneben. Man kann nur in etwas baden, was flüssig ist. Die Saftlosigkeit ist eine zu trockene Angelegenheit.

Übung 2 Sage es mit einem Bild.
Die großbusige Blondine.
Sie hat ein übersteigertes Selbstbewusstsein.
Er hat ein breites Grinsen.
Er ist blöd.
Lösungsmöglichkeiten sind:
Die Blondine mit der gut besuchten Bluse.
Ihr Selbstbewusstsein hat eine eigene Postleitzahl.
Er grinst mit sechsundsiebzig Zähnen.
Wenn er so radfahren könnte, wie er blöd ist, müsste er den Glockner hinauf bremsen.

Schlampigkeits-Falle
Übung In folgenden Sätzen wimmelt es von Sprach-Chamäleons und falschen Kausalzusammenhängen. Erkenne sie, stelle sie richtig.
Lösung Die falschen Worte auszutauschen, genügt oft nicht, um den Satz zu re-

parieren. Man kann dem Gedankengang des Autors zwar folgen, muss aber mitunter ganz neu formulieren. Möglichkeiten sind:
Man besitzt eben kein richtiges Sofa, vielleicht ja eins vom Sperrmüll, nur Taxi fährt man.
So ist der Satz repariert: Man hat kein richtiges Sofa, höchstens eins vom Sperrmüll, aber man fährt Taxi.
So war's gemeint: Man haut das Geld fürs Taxi raus, aber das Sofa holt man sich vom Sperrmüll.

Bei der Schuldnerberatung würde er sich nie sehen lassen, geschweige denn dass ihm sein finanzieller Engpass allzu nahegeht.
So ist der Satz repariert: Sein finanzieller Engpass geht ihm nicht nahe, geschweige denn dass er sich bei der Schuldnerberatung sehen lassen würde.
So war's gemeint: Sein finanzieller Engpass ist ihm so wurscht, dass er sich nie bei der Schuldnerberatung sehen lassen würde.

Neben der täglichen Generalreinigung des Körpers gehören auch seine Hände dazu. So ist der Satz repariert: Zur Generalreinigung des Körpers gehören auch die Hände.
So war's gemeint: Wenn er seinen Körper pflegt, bürstet er sich noch extra die Fingernägel.
Der Mantel eignet sich gut als Übergang vor der kalten Jahreszeit.
So ist der Satz repariert: Der Mantel eignet sich gut für den Übergang zur kalten Jahreszeit.
So war's gemeint: Es ist ein Übergangsmantel.

Wenn er bei Freunden auf dem Land war, ging es daraufhin gleich mitten ins urbane Zentrum.
So ist der Satz repariert: Nachdem er bei Freunden auf dem Land war, ging es sofort wieder in die Innenstadt.
So war's gemeint: Wenn er bei Freunden auf dem Land war, zog es ihn sofort wieder in die Innenstadt.

Während früher alles ganz leicht war, ist es heutzutage viel komplizierter geworden.
So ist der Satz repariert: Früher war alles ganz leicht, heute ist es viel komplizierter geworden.
So war's gemeint: Früher war alles ganz leicht, heute ist alles viel komplizierter.

Sie wollte ihn warten lassen. Stattdessen wartete er nicht ab und gönnte sich zwischenzeitlich eine Dusche.

So ist der Satz repariert: Sie wollte ihn warten lassen. Er wartete nicht und gönnte sich eine Dusche.

So war's gemeint: Sie wollte ihn warten lassen. Aber die Strategie ging nicht auf, er ging duschen.

Es war ihm schon früher aufgefallen, dass sie heute kein Make-up trug.

So ist der Satz repariert: Es war ihm schon vorher aufgefallen, dass sie heute kein Make-up trug.

So war's gemeint: Es war ihm schon aufgefallen, dass sie kein Make-up trug.

Sofern er sich zurückerinnerte, war ihm noch keine solche Gemeinheit untergekommen.

So ist der Satz repariert: Soweit er sich zurückerinnerte, war ihm noch keine solche Gemeinheit untergekommen.

So war's gemeint: Soweit er sich erinnerte, war ihm noch keine solche Gemeinheit untergekommen.

Gegenüber seinen Verwandten saß ein Fremder.

So ist der Satz repariert: Seinen Verwandten gegenüber saß ein Fremder.

So war's auch gemeint.

Wann es ihm zu blöd wurde, ging er.

So ist der Satz repariert: Wenn es ihm zu blöd wurde, ging er.

So war's gemeint: Sobald es ihm zu blöd wurde, ging er.

Vorübergehend wurde es dunkel. Die Nacht breitete sich mittlerweile wie ein Mantel über die Wüste.

So ist der Satz repariert: Es war dunkel geworden. Die Nacht breitete sich wie ein Mantel über die Wüste.

So war's gemeint: Die Nacht breitete sich wie ein Mantel über die Wüste.

Obwohl oder gerade weil er niemanden kannte, mochte er die Stadt.

So ist der Satz repariert: Man muss sich zwischen obwohl und gerade weil entscheiden:

Obwohl er niemanden kannte, mochte er die Stadt. Das heißt: Er fühlt sich eigentlich einsam, wenn er niemanden kennt.

Gerade weil er niemanden kannte, mochte er die Stadt. Das heißt: Er ist gern anonym.

So war's gemeint: Weil er niemanden kannte, mochte er die Stadt.

Als er sich setzte, musste er nicht lange warten, da brachte ihm der Kellner die Karte.
So ist der Satz repariert: Kaum hatte er sich gesetzt, brachte ihm der Kellner schon die Karte.
So war's gemeint: Als er sich setzte, brachte ihm der Kellner auch schon die Karte.

Blondinen gefielen ihm gleichermaßen gut.
So ist der Satz repariert: Blondinen gefielen ihm genau so gut wie Brünette, Rot- und Schwarzhaarige.
So war's gemeint: Es gefielen ihm alle Frauen.

Ich habe Beweise, dass Atlantis unter uns liegen könnte und vielleicht unsere Zukunft beinflusst.
So ist der Satz repariert: Ich habe Beweise, dass Atlantis unter uns liegen und unsere Zukunft beeinflussen könnte.
So war's gemeint: Ich habe Beweise, dass Atlantis unter uns liegt, was unsere Zukunft beeinflussen könnte.

Marken-Zeichen

Übung 1 Spiele dich mit der Interpunktion. Welche Möglichkeiten gibt es? Ändere auch die Satzstellung. Welche Möglichkeiten ergeben sich dann? Erkenne deine Vorlieben: Während er in Schlapfen und einem rosaroten Pyjama nach einer Erklärung suchte verließ sie ihn.
Ein paar Lösungsmöglichkeiten sind: Während er (in Schlapfen und einem rosaroten Pyjama) nach einer Erklärung suchte, verließ sie ihn.
Er suchte. In Schlapfen und einem rosaroten Pyjama. Nach einer Erklärung. Sie verließ ihn.
Er suchte; in Schlapfen und einem rosaroten Pyjama; nach einer Erklärung. Sie verließ ihn.
In Schlapfen und einem rosaroten Pyjama suchte er nach einer Erklärung – da verließ sie ihn.
Nur eine Variante ist unzulässig. Lässt man den Nebensatz ohne Interpunktion, wird der Typ zum Idioten, der die Erklärung in seinen rosaroten Schlapfen sucht: Während er in Schlapfen und einem rosaroten Pyjama nach einer Erklärung suchte, verließ sie ihn.
Übung 2 Auch in diesem Satz fehlen Satzzeichen. Füge sie ein, ändere die Satzstellung. Vergiss auch nicht auf Anführungszeichen, daraus können ganze Geschichten entstehen: Machen wir doch eine Pause dachte sie.
Ein paar Lösungsmöglichkeiten sind: Machen wir doch! Eine Pause, dachte sie.

»Machen wir doch!« Eine Pause, dachte sie.

Machen wir! Doch? Eine Pause, dachte sie.

Machen wir? Doch. Eine Pause, dachte sie.

»Machen wir!« Doch? Eine Pause, dachte sie.

»Machen wir doch?« Eine Pause, dachte sie.

Machen? Wir? Doch? Eine Pause, dachte sie.

»Machen wir doch eine Pause.« Dachte sie.

»Machen wir doch eine …« Pause?, dachte sie.

»Machen wir – doch – eine Pause« dachte sie.

Machen wir doch – eine Pause, dachte sie.

Eine Pause!, dachte sie. Machen wir doch …

Übung 3 Setze bei folgenden Worten die Apostrophe. Wo gehören welche? Wo gehören keine?

Lösung Eine Faustregel ist: Apostrophe ersetzen meistens den Buchstaben »e«, in seltenen Fällen das »i«.

Kein Apostroph gehört bei der Zusammenziehung von Verhältniswort und Artikel: ins, fürs, unterm

… bei Auslassungen am Wortanfang und Wortende: Platzl, Schnitzl, Unruh, runter

… bei Umgangs- oder alter Sprache: ich hab keinen Bock oder die innere Ruh

… bei Imperativen: hol mir bitte …

… beim Genetiv: Rosis Beisl, Andreas Freundin (wenn Andrea ein Frauenname ist)

Apostrophe gehören bei Auslassungen im Wortinneren: g'fragt, g'scheit, G'schicht

… bei der Kombination von Eigennamen plus Adjektivsuffix -sch bei Großschreibung: Freud'scher Versprecher, aber freudscher Versprecher

… bei Eigennamen im Genetiv, deren Grundform auf einen s-Laut endet (das schließt -s, -ss, -ß, -x, -ce ein): Clemens' Auto, Andreas' Freundin (wenn Andrea ein Männername ist). Der Apostroph steht auch, wenn das Grundform-s stumm ist: Giraudoux' Einfluss

Apostrophe können gesetzt werden, wenn gesprochene Sprache bei schristlicher Wiedergabe schwer verständlich wird: war's, hat's, kommen S' rein.

Absatz-Strategie

Übung 1 Setze Absätze dort, wo du sie für richtig hältst. Probiere verschiedene Varianten.

Er hatte – ohne Erfolg, wie meistens – eine halbwegs funktionierende Vene gesucht, da traten schwere Stiefel die Tür ein. Ohne sich zu rühren, blickte er auf. Was er sah, ließ ihm das Blut in den Adern stocken. In den Stiefeln steckte ein Monster. Riesig und ganz aus Schleim. Dann kam wieder Leben in ihn. Augenblicklich vergaß er die Vene. In Panik hechtete er durch das geschlossene Fenster.

Leider hatte er auch vergessen, dass er im siebten Stock wohnte. Im letzten Moment bekam er die Feuerleiter zu packen. Nachdem er sich übers Geländer gezogen und ein paarmal durchgeatmet hatte, bemerkte er die Gruppe Passanten unter sich. Dann bemerkte er, dass er nackt war. Doch für Scham war keine Zeit. Denn kaum dass er mit viel Glück und ohne einen Faden am Leib dem Monster entkommen war, prasselte auch schon ein Pfeilhagel auf ihn nieder. Es war wirklich nicht sein Tag.

Lösung Dieser Text lässt sich fast überall in Absätze zerteilen. Es liegt an dir, die Dramaturgie festzulegen. Zwei Möglichkeiten sind:

Er hatte – ohne Erfolg, wie meistens – eine halbwegs funktionierende Vene gesucht, da traten schwere Stiefel die Tür ein. Ohne sich zu rühren, blickte er auf. Was er sah, ließ ihm das Blut in den Adern stocken. In den Stiefeln steckte ein Monster. Riesig und ganz aus Schleim. Dann kam wieder Leben in ihn. Augenblicklich vergaß er die Vene. In Panik hechtete er durch das geschlossene Fenster. Leider hatte er auch vergessen, dass er im siebten Stock wohnte. Im letzten Moment bekam er die Feuerleiter zu packen. Nachdem er sich übers Geländer gezogen und ein paarmal durchgeatmet hatte, bemerkte er die Gruppe Passanten unter sich. Dann bemerkte er, dass er nackt war.

Doch für Scham war keine Zeit. Denn kaum dass er mit viel Glück und ohne einen Faden am Leib dem Monster entkommen war, prasselte auch schon ein Pfeilhagel auf ihn nieder.

Es war wirklich nicht sein Tag.

Oder: Er hatte – ohne Erfolg, wie meistens – eine halbwegs funktionierende Vene gesucht, da traten schwere Stiefel die Tür ein. Ohne sich zu rühren, blickte er auf. Was er sah, ließ ihm das Blut in den Adern stocken.

In den Stiefeln steckte ein Monster. Riesig und ganz aus Schleim. Dann kam wieder Leben in ihn. Augenblicklich vergaß er die Vene. In Panik hechtete er durch das geschlossene Fenster. Leider hatte er auch vergessen, dass er im siebten Stock wohnte. Im letzten Moment bekam er die Feuerleiter zu packen. Nachdem er sich übers Geländer gezogen und ein paarmal durchgeatmet hatte, bemerkte er die Gruppe Passanten unter sich. Dann bemerkte er, dass er nackt war. Doch für Scham war keine Zeit. Denn kaum dass er mit viel Glück und ohne einen Faden am Leib dem Monster entkommen war, prasselte auch schon ein Pfeilhagel auf ihn nieder. Es war wirklich nicht sein Tag.

Takt-Gefühl

Übung 1 Schreibe einen kurzen Text über einen Mann und eine Frau, in denen das Gefühlschaos tobt. In ihm prallen Angst und Freude aufeinander, in ihr kämpft die Vorsicht mit der Leidenschaft. Arbeite mit Satzfetzen und Comicsprache.

Eine Lösungsmöglichkeit ist: Er nahm es mit gemischten Gefühlen auf, steht manchmal in Romanen. Aber gemischt war mir so ziemlich das falscheste Wort. Seine Gefühle schienen nicht gemischt, sie preschten wie zwei Steinböcke vor und knallten mit den Schädeln aneinander, dass es Funken schlug. Freude auf Angst. Wamm. Angst auf Freude. Kawumm.

Sie nahm es mit gemischten Gefühlen auf, steht manchmal in Romanen. Aber Gefühl war mir so ziemlich das falscheste Wort. Was hier gemischt war, war nicht Gefühl, es waren zwei Adrenalinwellen, die sich auf einanderhechteten und einander in die Parade donnerten, dass es nur so gischte. Freude auf Aaachtung. Wuschsch. Aaachtung auf Freude. Schschscht.

Übung 2 Schreibe einen kurzen Text über einen Autounfall. Arbeite bewusst mit einem sehr ruhigen Sprachrhythmus.

Eine Lösungsmöglichkeit ist: Nur ein kleiner Ruck, dann eine Drehung nach links. Er hob mich hoch, setzte mich sachte wieder ab. Kaum durfte ich den Boden berühren, tanzten wir in die andere Richtung, er wiegte mich in Sicherheit, bremste seine Bewegung und wirbelte mich um seine Achse. Einmal, zweimal, der Kopf blieb ruhig, bis ihn der Körper in die Pirouette mitnahm und er blitzschnell seinen Kreis vollendete. Er ließ mich schweben, einen Augenblick in der Luft stehen, fast als hätte er mich dort vergessen und die Schwerkraft keine Bedeutung mehr. Aber er hielt sich an seine Choreografie und wir landeten wieder. Erst als wir die Schräge nach unten glitten, verlor der Tanz an Geschmeidigkeit. Der Wagen schlitterte über die Böschung und krachte in die Bäume.

Versteck-Spiel

Übung 1 Versuche dich in der Kunst der Ironie. Angenommen, du wirst von einer Zeitschrift gebeten, zwanzig gute Vorsätze fürs Beziehungsleben zu formulieren. Auf satirische Art. Das Briefing des Chefredakteurs lautet: Im neuen Jahr wird alles ganz anders. Die Männer haben sich was überlegt, um bessere Menschen aus sich zu machen.

Lösungsmöglichkeiten sind: Ich werde mich nie wieder überreden lassen, ihr im Bett Tiernamen zu geben. Heuer versuche ich es mit Straßennamen.

Ich werde meiner Frau nie wieder sagen, dass sie nicht kochen kann. Ich werde bei meiner Freundin essen. Die kann auch nicht kochen, aber sie hat die interessanteren Desserts.

Ich werde sie nie wieder mit fremden Frauen betrügen. Sie wirft mir ohnehin immer vor, ich kümmerte mich zu wenig um die Familie.

Ich werde nie wieder beim Frühstück Zeitung lesen. Ich werde sie mir von ihr vorlesen lassen.

Ich werde nie wieder die Ausrede vom Schneechaos verwenden, wenn ich im Hochsommer zu spät nach Hause komme.

Ich werde mich nie wieder in meinem eigenen Bett mitten in der Nacht aufsetzen und sagen: »Jetzt muss ich aber wirklich endlich nach Hause.«

Ich werde sie nie wieder belügen, wenn auch die Wahrheit schlimm genug ist.

Ich werde ihr nie wieder Blumen bringen nach einem Seitensprung. Das heißt so viel wie: Gut war's auch noch. Und schließlich will ich sie nicht verletzen.

Ich werde mich von ihr nie mehr dazu zwingen lassen, sie anzuschreien. Ab jetzt mach ich das freiwillig.

Ich werde mich nie wieder auf den Vollmond ausreden. Das ist bloß ein Scheinargument.

Ich werde sie nie wieder anrufen, wenn ich mich gut unterhalten möchte.

Ich werde mich nie wieder in einer Gewitternacht verloben. Man soll die Zeichen der Natur nicht missachten.

Ich werde nie wieder unüberlegt antworten. Wenn sie mich fragt, ob ich sie noch liebe, werde ich sagen: »Lass mich eine Nacht drüber schlafen.«

Ich werde es nie mehr so weit kommen lassen, dass ich mir selber zuwider bin. Es genügt mir, wenn ich ihr zuwider bin.

Ich werde ihr nie wieder vorhalten, dass sie ihrer Mutter immer ähnlicher wird. Die mag mich nämlich.

Ich werde mir nie wieder sagen lassen, dass alle Männer Schweine sind. Schweine sind intelligente Tiere. Männer sind auch nur Menschen.

Ich werde ihr nur mehr dann mein Wort geben, wenn ich sicher bin, dass sie keine Silbe davon versteht.

Ich werde nur mehr in schlechten Beziehungen auf gute Verhältnisse zurückgreifen.

Ich werde mir nie mehr vorwerfen lassen, dass ich lieber Karten spiele, als einen Abend mit meiner Frau zu verbringen. Ich spiele ja auch lieber Karten, als einen Abend mit meiner Freundin zu verbringen.

Ich werde ab jetzt nicht mehr so egoistisch sein. Ich werde nur nicht mehr für zwei denken.

Übung 2 Schreibe einen kurzen Text zum Thema: Sex mit Hirn. Gemeint ist folgendes Szenario: Ein Paar sitzt in einem Lokal und kann kaum die Finger voneinander lassen. Um Erregung öffentlichen Ärgernisses zu vermeiden und trotzdem so was wie Sex zu haben, verkehren sie geistig miteinander. Man nennt es Mind-Fucking. Beschreibe, wie das geht.

Eine Lösungsmöglichkeit ist: Der geeignetste Ort für den geistigen Vollzug dieses weltlichsten Genusses sind zwei dicht beieinanderstehende Barhocker in einem spärlich ausgeleuchteten Lokal. Jedes sinnvolle Gespräch behindert die wortlose Vereinigung. Hände haben nichts aneinander zu suchen.

Er bohrt seinen Blick in die Schlitzöffnung zwischen ihren Lidern; sie saugt den ihren an seinen Lippen fest; er legt seine Gedanken in ihren Schoß; sie öffnet unter einem Stoß Seufzern ihren Mund; er steckt ihr seine lange Marlboro zwischen die Zähne; sie bläst ihm einen Rauchring ans Universum; er nimmt sie nun von hinten um die Taille; sie kommt grad an den Rand eines geistigen Nirwanas; er kommt ihr zuvor. Und schließlich sagt er mit tief eindringlicher Stimme weder Ogottogottogott noch: Wie war ich, Liebling?

Sex mit Hirn ist eine der interessantesten Spielarten dieses Sports und hinterlässt nicht einmal Flecken.

End-Fertigung

Übung Redigiere folgende Szene.

Eine Lösungsmöglichkeit ist:

Gelähmt.

Für den Bruchteil einer Sekunde kann sich Jack nicht bewegen. Er starrt in das Loch hinunter, paralysiert, sieht, wie Jackie fällt, und sein Blick brennt ein Loch in die Zeit.

Jackie ist eingetaucht in das braunschwarze Nichts des Kanalsystems. Jack spürt die Gegenwart. Sie sind auf der Flucht. Und der einzige Ausweg führt hinunter. Das Brennen an den Handballen spürt er gar nicht, als er in das Brackwasser eintaucht.

Unter Wasser. Er tastet nach Jackie. Wo, zum Teufel – eine Hand. Er greift ~~ihre Hand~~ nach ihr, zieht sie heran, umfasst Jackie bei den Hüften und schwimmt mit ihr ungeschickt nach oben. ~~Beide~~ Sie ringen nach Luft. ~~wie Taucher nach einer Apnoe-Weltmeisterschaft.~~ Dumpf hören sie von oben Projektile gegen den Kanaldeckel schlagen. Für den Augenblick sind sie in Sicherheit.

Wie geht's deinem Arm?, fragt Jack.

Vielleicht nicht die beste Basis zum Boxen, sagt Jackie. ~~die Schusswunde über ihrem Ellbogen klafft.~~ Jacks Schmunzeln kann sie auch in der Finsternis sehen. Die Schusswunde über ihrem Ellbogen klafft.

Wir stecken ganz schön in der Scheiße, hm?

Ja, sagt Jackie, kann man so sagen. ~~Ich glaub, wir müssen hinunter. Weiter. Auch uns vorantreiben.~~

Jack überlegt kurz. Er war nie ein besonders guter Schwimmer, und jetzt müssen sie sich irgendwie einen Weg durch das Abwassersystem bahnen. Er hat kein gutes Gefühl.

Wir tauchen gemeinsam, sagt er. Hol tief Luft. ~~Beide~~ Sie saugen Sauerstoff ein, als hätten sie nur noch ~~maximal~~ drei Minuten zu leben, ~~Sie saugen die Luft ein~~ und tauchen ab in die Ungewissheit.

Mit ihrer unverletzten Hand ~~tastet~~ tappt Jackie gegen Mauern, nichts als Mauern. Jack dreht sich im Kreis und versucht mit Händen und Füßen tiefer zu tauchen. Ich hätte nicht so viel rauchen sollen, denkt er. ~~Er denkt das nicht bei sich, sondern einfach so. Weil die Luft knapp wird.~~ Aber er taucht nicht auf. Weil mit der linken Hand spürt er den Eingang zu einem Tunnel, und durch genau diesen Tunnel ~~tauchen~~ schwimmen die beiden jetzt durch.

Jackie ist es egal. Das Licht am Ende des Tunnels wird weiß sein, denkt sie. Das kann alles und nichts bedeuten. Alles wär mir lieber. Ihre Arm Wunde sticht und erinnert sie daran, dass sie noch lebt.

Was für einen langen Atem Jack plötzlich hat. Er zieht sie hinter sich her durch die Kloake, ihre Hand in seiner wie in einem Schraubstock. Die Flucht hat ihn verändert. Er denkt. Anders als früher. Er denkt mehr an sie. Er. Der Egoist. Wenn man ihn was bittet, nickt er. Wenn man am Ende ist, tut er was. Ich hätte mir schon viel früher in den Arm schießen sollen.

Ich könnte meine Lungenflügel benutzen, überlegt Jackie. Die Luft ist draußen, sie sind arbeitslos. In ihrem Hirn wird's langsam geräumiger. Gar nicht übel, so ohne Sauerstoff. Sie stellt sich vor, wie ihre Lungenflügel aus ihr herauswachsen, sich ausbreiten, sie tragen. Gerade als ~~Jackie~~ sie sich freuen will, setzt ihr Herz aus. Nichts schmerzt und doch tut alles weh. Die Kloake säuselt Vivaldi. Sie will sich mit der Hand eine Haarsträhne aus der Stirn streichen, als ginge dann das Denken leichter, aber sie findet sie nicht. ~~Jack hat sie, erinnert sie sich.~~ Fließt noch Blut in mir?, fragt sie sich.

Ich hab's nicht mehr so mit der Wirklichkeit, will Jackie sagen, aber das ekelige Wasser, das ihr ~~beim ersten A~~ in den Mund rinnt, dreht ihr so den Magen um, dass sie fast wieder atmen will. Treibt mich nicht ins Jetzt, schreit sie ohne einen Ton. Das Jetzt ist so hässlich. Die Dämonen, die sie umtanzen, lockern ihren Griff nicht. Mit Dämonen musst du dich verbünden, hat Jack gesagt. Jack kennt sich aus mit Dämonen. Du musst leise mit ihnen reden, hat ~~Jack~~ er gesagt. Dann fühlen auch sie was. Lasst mich nicht allein, flüstert Jackie. Und schon gehorchen sie. Summertime säuselt das Wasser jetzt. Jackie hört es, und die Dämonen sind gnädig. Sie lassen sie, wo sie ist. Egal, denkt Jackie, ich werd's sowieso nicht mehr erleben.

Ein Blitz fährt ihr durch die Schulter. Die, an der der Arm hängt, aus der die Hand wächst, an der Jack reißt. Irgendetwas hat ihm Angst gemacht. Er ist so damit beschäftigt, sie durch den Tunnel zu ziehen, dass ihm nicht auffällt, wie sie schwerer wird. Sich längst nicht mehr bewegt. Mit der Hand, an der er sich an der schlierigen Mauer entlanggehantelt hat, greift er ihr unter die Achseln und hebt sie hoch. Ihr Kopf fällt langsam in den Nacken. ~~Wenn die Götter dich strafen wollen, erhören sie deine Gebete.~~

Ich rate, lieber mehr zu können,
als man macht, als mehr zu machen, als man kann.

Bertolt Brecht